La fragilité

Du même auteur

Chez le même éditeur

Malgré tout. Contes à voix basse des prisons argentines, 1982.

Transferts. Argentine, écrits de prison et d'exil, en collaboration avec Francisco Sorribès Vaca, 1983.

Utopie et liberté. Les droits de l'homme : une idéologie ? 1986.

Critique du bonheur, en collaboration avec Edith Charlton, 1989.

Cette douce certitude du pire, en collaboration avec Edith Charlton, 1991.

Penser la liberté. La décision, le hasard et la situation, 1994.

Le Pari amoureux, en collaboration avec Dardo Scavino, 1995.

Pour une nouvelle radicalité, en collaboration avec Dardo Scavino, 1997.

La Fabrication de l'information. Les journalistes et l'idéologie de la communication, en collaboration avec Florence Aubenas, 1999.

Du contre-pouvoir, en collaboration avec Diego Sztulwark, 2000 ; nouvelle édition, 2002.

Résister, c'est créer, avec Florence Aubenas, 2002.

Les Passions tristes. Souffrance psychique et crise sociale, avec Gérard Schmit, 2003 ; nouvelle édition, 2006.

Connaître est agir : paysages et situations, avec la collaboration de Angélique del Rey, 2006.

Chez d'autres éditeurs

Peut-on penser le monde ? Hasard et incertitude (en collaboration avec Herman Akdag et Claude Sekroun), Éditions du Félin, Paris, 1997.

Parcours. Entretiens avec Anne Dufourmentel, Calmann-Lévy, Paris, 2001.

Che Guevara : du mythe à l'homme, Bayard, Paris, 2003.

Abécédaire de l'engagement, Bayard, Paris, 2004.

Plus jamais seul : le phénomène du portable, avec la collaboration de Angélique del Rey, Bayard, Paris, 2006.

Miguel Benasayag

La fragilité

La Découverte / Poche
9 *bis*, rue Abel-Hovelacque
75013 Paris

Cet ouvrage a été précédemment publié en 2004 aux Éditions La Découverte, dans la collection « Armillaire ».

Merci à Marina Gaillard, qui m'a aidé avec une patience infinie à mettre au point l'écriture de ce livre, qui ne serait pas ce qu'il est sans elle. Et merci également à François Chouquet, dont la relecture philosophique m'a été extrêmement précieuse.

ISBN : 978-2-7071-5073-8

Introduction

Sombre, complexe, lointain : ainsi nous apparaît le monde dans lequel nous vivons, cet ensemble dont nous faisons partie et dont nous ne pouvons nous extraire. Comment notre époque est-elle arrivée à produire cette subjectivité partagée, cette sensation que le monde est « éloigné » de nous ? L'éloignement, la séparation sont bien des marques fondamentales de notre époque, à l'origine du sentiment d'isolement permanent dans lequel nous existons, perdus au milieu de ce qui nous apparaît comme un décor, un environnement. Une nostalgie propre à l'exil colore notre quotidien de désespoir, d'inquiétude, de précarité, de tristesse.

L'impuissance et la tristesse

L'histoire, dans le sens d'histoire sociale, politique, semble ne jamais croiser nos vies, et si par hasard elle le fait, ce n'est que sous la forme d'accident, de catastrophe. Pour Clausewitz, la guerre était la continuation de la politique par d'autres moyens ; aujourd'hui, au cœur du néolibéralisme, les guerres sont devenues des conflits de gestion, une sorte de prolongement de l'économie par d'autres moyens... Au-delà du sens économique, rien ne semble plus avoir d'importance. Les victimes, directes ou indirectes, des guerres modernes vivent ce qui leur arrive comme s'il s'agissait de catastrophes naturelles. Nous prenons connaissance de ce qui se passe ailleurs par la télévision ou les autres médias, mais cela nous apparaît à peine comme les soubresauts et les symptômes d'un monde étrange, perçu comme extérieur et menaçant, un monde plein d'insécurité. Au milieu de l'océan de l'économie, les gens, les nations flottent à la dérive, en essayant à peine de ne pas sombrer.

La trame de la vie, devenue spectacle d'une réalité virtuelle nommée « économie », ou « mondialisation » – c'est-à-dire la banalisation de la vie de tous au profit de la survie de quelques-uns –, s'est transformée au point de devenir une sorte d'écran qui nous sépare de nos propres vies, de nos propres drames, de nos propres joies. Tout ce qui nous arrive sera, désormais, mesuré à l'aune de cet unique paramètre, dans un processus implacable de formatage de la réalité. Partout dans le monde, nous sommes confrontés à des situations atroces, comme des gens désespérés face à la maladie de leurs enfants, des gens qui savent qu'à cause du FMI ou de la dette extérieure – de toute une série de choses qui n'ont pour eux aucune réalité concrète et palpable – leurs enfants, bien réels et concrets, eux, ne pourront pas survivre ; ou encore que, à cause d'autres déterminations abstraites de ce même genre, ils n'auront plus de maison, plus de travail, et bientôt plus de place dans le monde.

Des choses impalpables, qui n'existent pas en soi, déterminent la disparition, la tristesse ou la souffrance d'êtres concrets : c'est le triomphe au quotidien du spectacle, du virtuel sur le concret, le réel, l'immédiat de nos vies. Même les réactions molles de la majorité face au retour cyclique de courants néonazis montrent jusqu'à quel point extrême elle a du mal à prendre le réel au sérieux, comme si les gens étaient convaincus que la marche froide et impersonnelle de la mondialisation était inexorable et qu'aucun retour vers le déjà connu n'était envisageable. Au point que si, d'un côté, toute résistance à l'horreur économique est perçue comme impossible, d'un autre côté, une tentative néonazie pour rompre le cours de l'histoire semble également impossible, car ce cours apparaît inéluctable et indétournable, que ce soit au nom de la solidarité ou du fascisme. Paradoxalement, cette conviction nous laisse entièrement désarmés devant l'avancée des fascismes et intégrismes de toutes sortes.

Spectateurs du monde et spectateurs passifs de nos propres vies, un horizon obscur et clos, impossible à déchiffrer, semble s'ériger face à nous. Éloignés des « postes de commande », dépourvus de toute possibilité d'influer sur le devenir de nos vies, nous sommes comme les passagers impuissants d'une voiture folle sur laquelle nous n'aurions plus aucun contrôle. En allant encore plus loin, les prophètes de la postmodernité et de l'idéologie de la « complexité » ont réussi à nous convaincre que toute tentative pour en modifier la marche ne pourrait qu'augmenter le désordre, accélérer la chute. La complexité du réel semble nous contraindre à une « passivité prudente », à une impuissance assumée comme seule possibilité, non plus pour nous acheminer vers « le mieux », mais juste pour éviter « le pire ».

Comme l'écrivait Freud, « faute de bonheur, les hommes se contentent d'éviter le malheur [1] ». Ce qui est non seulement impossible, mais ce qui en outre nous condamne à une vie centrée sur l'inquiétude, l'insécurité et la peur, autrement dit au malheur même que nous souhaitions éviter. Paradoxe tragique de tous ceux qui définissent un « destin à éviter » : ils le rencontreront, avec certitude, sous la forme de la fatalité. Une sorte de lâcheté consensuelle nous conseille de nous contenter d'une survie hantée par la mort, soumise à cette crainte de la mort qui devrait ordonner nos vies. L'impuissance, l'insécurité, ainsi qu'un certain égoïsme sont les piliers de la prétendue « sagesse postmoderne ».

Tel un messianisme inversé, notre époque a hérité de plusieurs siècles de croyance en un futur paradisiaque un pessimisme symétrique de l'optimisme des époques passées et au moins aussi massif que lui. On nous promet et on nous annonce aujourd'hui, à grand renfort de statistiques et d'études en tout genre, et avec le même sérieux qu'on mettait hier à nous promettre le paradis, l'imminence de l'enfer inévitable face auquel la seule solution serait d'accepter la grandissante dérive disciplinaire de nos sociétés.

1. Sigmund Freud, *Malaise dans la civilisation*, PUF, Paris, 1980, p. 42.

Les intellectuels qui jouissent aujourd'hui de reconnaissance et de respect sont ceux qui proclament que personne ne peut rien face à la complexité menaçante du monde. Si, dans la vieille et noble tradition philosophique universelle, penser c'est toujours *penser le dépassement*, on peut dire qu'il ne reste plus beaucoup de pensée aujourd'hui.

Trop affaiblie par la peur du futur, de l'inconnu et de l'autre, notre société renonce à assumer la vie dans la dimension du présent, seul lieu de toutes les puissances et de tous les possibles. Mais si notre époque est triste à cause de l'abandon de la puissance et des possibilités de la vie, cela n'empêche nullement qu'elle soit jalonnée de nombreuses fêtes spectaculaires, dans lesquelles une part importante de la joie factice qui s'y déploie provient de la conviction, de la part de ceux qui s'amusent, d'être des privilégiés vis-à-vis des autres qui souffrent autour d'eux. En d'autres termes, à défaut d'être heureux, on peut se réjouir de ne pas se compter (encore) entre les malheureux, ceux qui constituent la masse des « sans » : les sans-travail, les sans-papiers, les sans-toit, bref, les sans-dignité.

Comme toute époque d'impuissance, la nôtre se prête bien aux rêves de pouvoir et aux renoncements morbides qu'ils engendrent : « Le tyran, disait Deleuze, a besoin de la tristesse des âmes pour réussir, tout comme les âmes tristes ont besoin du tyran pour subvenir et propager. Ce qui les unit de toute manière, c'est la haine de la vie, le ressentiment contre la vie [2]. »

L'ignorance de l'homme moderne, surinformé

La « complexité » qui nous exile de nos propres vies assume ainsi la forme paradoxale d'une obscurité du monde. Paradoxale car, plus que jamais, la science et les techniques s'affirment en mesure de vaincre l'opacité de la nature, tandis qu'aucun savoir ne paraît suffisant pour contrôler le désastre humain que notre civilisation précipite. Mais ce manque de connaissance coexiste,

2. Gilles DELEUZE, séminaire « Sur Spinoza », Université de Vincennes, 1980-1981 (dont le texte est consultable sur le site <www.imaginet.fr/deleuze/>).

à son tour, avec la surinformation propre à nos sociétés. La surinformation, structurée comme information spectaculaire, agit comme explication et justification du constat que « nous ne pouvons rien faire ». L'avalanche d'informations nous noie dans l'impuissance, convaincus que nous sommes que la complexité est si considérable que la seule chose sérieuse que nous puissions faire, c'est, précisément, de ne rien faire. Il s'agit, pourtant, d'un « ne rien faire » qui, dans son conformisme égotiste, n'a rien à voir avec le « non-agir » des sagesses anciennes. Au contraire, notre « ne rien faire » va dans le sens de ne pas s'opposer à l'ordre d'un monde qui est lié, paradoxalement, à une hyperactivité conformiste.

En effet, contrairement à ce que l'on pourrait penser, à mesure que les gens « constatent » qu'un monde meilleur est « impossible », non seulement ils ne se retirent pas du monde pour vivre en ermites, mais, au contraire, ils en tirent comme conclusion que, puisqu'ils ne peuvent pas vaincre l'injustice, autant s'y rallier. Ils se transforment ainsi, par le même geste, en collaborateurs actifs de la société qu'ils reconnaissent pourtant comme injuste et productrice de tristesse.

Cette perte de confiance envers nos propres désirs et possibilités de liberté, d'amour et de fraternité n'est pas pour autant le pur fruit d'une illusion idéologique : cette « auto-déqualification » se fonde sur un fait social et historique fondamental qui caractérise notre civilisation, celui d'être la première dans l'histoire qui ait produit un tel niveau d'ignorance. Notre culture – que nous pouvons définir comme la civilisation qui incarne le passage de la préoccupation classique centrée sur l'être à la préoccupation dominante pour le « connaître » – est la première à être à ce point hantée par l'ignorance de ceux qui la composent, au sujet des techniques qui la fondent.

Dans n'importe quelle autre culture ou civilisation, les savoirs sur les techniques dont les gens se servaient étaient souvent cachés, protégés. Cela pouvait s'expliquer par des raisons métaphysiques, du fait que ces savoirs mettaient en jeu de dangereuses zones de frontière, et que les êtres humains n'étaient pas censés pouvoir jouer impunément avec ce qui relevait du domaine du sacré sans que cela risquât de bouleverser l'harmonie globale ; ou par des raisons plus triviales de protectionnisme des différentes corporations, ou encore par un mélange des deux causes, comme cela a été le cas au Moyen Âge. Mais même si ces savoirs sur la technique, ainsi que les techniques elles-mêmes, n'étaient pas du domaine public, les habitants de chacune de ces cultures entretenaient une relation d'appartenance, d'intimité avec elles. En somme, ce qui différencie radicalement la culture moderne de celles qui l'ont précédée, c'est que si ces dernières possédaient différents niveaux et types de techniques, notre société, elle, est la première à être « possédée », dans le sens magique du terme, par la technique.

Notre société est ainsi constituée d'utilisateurs, de consommateurs qui, le plus souvent, ignorent tout sur la façon dont fonctionnent les appareils et mécanismes qui les entourent et qui constituent le monde dans lequel ils vivent. Ainsi, tout en croyant être utilisateurs, nous finissons, conséquence obligée de l'utilitarisme, par devenir nous-mêmes « utiles » au service des différentes techniques. Cela vaut bien sûr en ce qui concerne les techniques plus ou moins sophistiquées qui composent le paysage quotidien, mais notre ignorance s'étend également aux domaines économique, politique, etc., qui fonctionnent à leur tour comme des techniques dans des combinatoires autonomes. L'homme moderne (ou postmoderne, peu importe) est ainsi un être qui « ne sait rien » au sujet du fonctionnement du monde, de l'économie, de ce qui fait son quotidien, de son corps, de sa vie. Ou, en tout cas, si information il y a, elle lui arrive depuis un extérieur spectaculaire par rapport auquel il reste passif et éloigné. En d'autres termes, nous sommes chaque jour plus informés au sujet de choses dont nous ne savons rien du fonctionnement et de l'orientation. La tristesse comme symptôme de l'impuissance est alors la conséquence de cette déréalisation du monde.

Au-delà des divisions du travail, les membres de n'importe quelle civilisation non moderne possédaient une notion fondamentale de « cohérence », de réalité de la vie qu'ils vivaient car il existait entre la vie des gens et le réel des relations « compréhensibles » ou du moins pas tout à fait virtuelles, ni délirantes. L'idée qu'il puisse exister un sentiment d'extériorité par rapport au monde et à la vie de chacun était tout à fait inimaginable dans ces cultures non modernes.

Le paradoxe de la civilisation des Lumières est d'avoir construit un univers tel que la majorité des gens y vivent dans une relation imaginaire au monde, et que cela les condamne à une inquiétante obscurité. Car plus la science produit des savoirs qui permettent de connaître, au moins à un certain niveau, les instances du réel, plus le monde apparaît comme virtuel et incompréhensible. Dans une société où la science (ou plus exactement l'idéologie qui se réclame d'elle, le scientisme) nous dit de mille et une façons que tout est désormais « possible », la virtualisation du monde devient inévitable, car si tout est possible, rien n'est réel.

Le « tout est possible », loin de définir un monde et une culture où régnerait une liberté absolue, marque, en effet, le triomphe de la virtualisation de la vie : il est le slogan de l'unidimensionnalisation virtuelle où aucune rencontre avec le réel ne vient ordonner l'expérience. Miracle de la société de la communication : le message idéologique qui affirme à tout-va que « tout est possible » est interprété dans sa signification diamétralement opposée : désormais, rien n'est possible…

La virtualisation du monde

Les « hommes spectateurs » regardent avec fascination les images des guerres de l'époque virtuelle, ces guerres prétendument « chirurgicales », où il n'y aurait plus de corps. Si par hasard apparaissent tout de même du sang et des massacres, ils nous sont présentés comme des « accidents », et l'on n'hésite pas à qualifier sans honte de « dommages collatéraux » les corps humains déchiquetés par les bombes. Logiquement, dans un monde protégé par la virtualité, les corps ne doivent pas venir déranger le bon déroulement du spectacle.

De même, l'économie est « sans corps ». Les chiffres du chômage, par exemple, sont de simples chiffres propres et virtuels, qui ne parlent en rien de la misère des corps réels qui souffrent. Et lorsque les chômeurs descendent dans la rue, la territorialisation des corps invisibles devenus visibles dérange et scandalise notre société panoptique qui rêve d'un monde de transparence. Lorsqu'un immigré cesse d'être un chiffre dans une statistique, et qu'il prend la parole, il devient tout de suite dangereux. Le réel importune, il est trop opaque, trop inquiétant pour avoir une place dans notre culture de la transparence.

Paradoxalement, le regard que non seulement le pouvoir, mais l'opinion publique en général portent sur les contestataires, sur ceux qui mettent encore leur corps en jeu sur la scène quotidienne, est d'abord un regard de surprise, comme si ceux qui résistaient à la virtualisation du monde n'étaient même pas dignes d'un regard répressif. Il s'agit d'un regard presque apitoyé, comme celui que nous pouvons avoir envers quelqu'un qui, n'étant pas au courant d'une nouvelle fondamentale qui a changé nos vies, demeure étranger au fait que le monde « est » tel qu'il est, définitivement, et que la seule chose qu'il est possible de faire, c'est de retirer son corps de la scène avant d'être emporté par le torrent de la virtualisation.

Le monde d'aujourd'hui est le monde des invisibles, de l'insaisissable, de l'impalpable. Dans ce monde de la séparation, celui qui prétend sortir de sa place de « citoyen spectateur » doit en premier lieu oser le pari subversif d'habiter sa propre vie, de redevenir un « corps », une multiplicité, de s'articuler aux autres corps et aux autres multiplicités.

Une autre caractéristique de notre époque est le fait que nous vivons nos propres transformations sous le signe de l'urgence, de la crise, ce qui nous condamne à réagir par le biais d'arcs réflexes. L'insécurité, qui semble nous cerner, nous sert en même temps de justification et de grille de lecture automatique de la réalité, comme si nous n'avions plus d'espace pour la réflexion, plus de temps pour penser, pour élaborer. Le monde de la virtualité découle nécessairement de ce rétrécissement du temps et de l'espace. Dans un monde où il n'existe plus d'ailleurs, ni temporel, ni spatial, tout est ici, tout est instantané. Et, paradoxalement, cette instantanéité ne coïncide pas avec un « ici et maintenant » qui nous permettrait d'habiter le présent. Au contraire, elle a pour conséquence de pousser les hommes à adopter les réflexes que la société leur propose dans chaque situation.

Cela explique aussi un autre élément central de notre période : la disparition de la « fonction sujet », c'est-à-dire de la forme de compréhension et d'action qui ordonnait la vie de la culture au cours de la modernité. Cette disparition entraîne la fin de la façon d'être dans le monde que cette figure historique incarnait : le sujet connaissait, prévoyait et agissait au sein d'une culture pour laquelle la liberté était fondée sur la domination que ce « sujet » pouvait exercer sur son milieu et sur sa nature même.

La perte de cette « fonction sujet » implique inévitablement celle de l'une des dimensions propres au sujet, à savoir la production autonome d'énoncés, de discours. Aujourd'hui, notre société construit des discours et des explications qui n'énoncent plus ce qui « devrait être », ni là où nous devrions nous diriger, mais qui sont de simples constats de ce qui apparaît comme inévitable pour le sujet devenu spectateur de sa propre vie. La fertilité de la révolte propre à la curiosité et l'imagination a cédé sa place à l'acceptation.

Tout se passe comme si désormais les mots ne servaient qu'à témoigner de l'inévitabilité des choses. Et que l'être parlant se trouvait ainsi condamné à parler sans pouvoir exprimer autre chose que ce qui est ou a été. C'est pourquoi nous avançons l'hypothèse d'une perte de pensée. Car penser n'est pas synonyme de n'importe quelle activité réflexive : cela signifie, avant tout, « se coltiner » avec le dépassement de la situation. Penser, c'est pouvoir affronter les points de défi, les points tangents de chaque situation dont nous faisons partie. Dans son sens fort, penser ne veut pas dire avoir des opinions sur une situation, réfléchir à quelque chose depuis l'extérieur : la pensée, en tant qu'acte, implique le développement de dimensions nouvelles de la situation, et modifie la situation même en introduisant en son sein de nouvelles potentialités. C'est, à l'inverse, un véritable simulacre de pensée qui fleurit à notre époque, incapable de construire un développement de la vie de la situation, se limitant à offrir un reflet passif de ce qui existe irrémédiablement.

Nous serions ainsi les contemporains d'une époque marquée par un permanent « après coup » par rapport auquel tout « savoir » serait un simple constat de ce qui « est », inévitablement. Les gens essaient de construire des théories et des explications non plus de ce qui doit être, comme expression d'un désir vital, mais comme justification après coup de ce qui apparaît dans la réalité comme existant envers et contre tout. Ce n'est plus une supposée pensée qui serait « unique » ; ce qui se prétend unique à notre époque, c'est le monde même comme réalité incontestable, véritable épiphanie néolibérale. L'inévitabilité du monde est le cul-de-sac auquel est arrivé le point de vue occidental : ayant perdu l'optimisme et l'espoir de pouvoir construire le sens de l'histoire, nous sommes tombés dans un pessimisme prétendument « réaliste » qui nous conçoit comme des objets passifs de la fatalité, de la surdétermination des situations que nous habitons.

Assumer la fragilité

Et pourtant, face à ce monde de l'impuissance et de la tristesse, nombreux sont ceux, dans tous les pays, qui ne se résignent pas, qui refusent de se soumettre à l'inacceptable. Partout, depuis les dernières années du XXe siècle, des femmes et des hommes se dressent, inventent de nouvelles formes d'action collective et d'être ensemble, parviennent parfois à faire reculer les forces de la virtualisation.

Mais ce combat est difficile. Il connaît souvent des échecs et peine à s'inscrire dans la durée. D'où la tentation permanente de revenir aux vieux schémas de lutte et d'organisation qui avaient semblé si efficaces au cours des deux derniers siècles et qui peuvent se résumer simplement : conquérir le pouvoir pour, enfin, changer le monde. Or, il faut être lucide : les profondes mutations que nous venons de décrire rendent ces schémas inopérants, comme nous avons essayé de le montrer par ailleurs [3]. Pire même, ils constituent aujourd'hui une illusion qui ne peut que conduire à renforcer ce qu'ils prétendent combattre.

Ce sont donc d'autres voies qu'il nous faut explorer pour tenter de dépasser la séparation de notre puissance d'agir, de sortir de cette constellation où les humains se vivent comme des sujets séparés à jamais du monde « objet », qu'ils regardent et sur lequel, vainement, ils prétendent « agir ». Notre effort doit chercher à libérer le futur des prédictions paralysantes des

3. Voir notamment : Miguel BENASAYAG et Diego SZTULWARK, *Du contre-pouvoir*, La Découverte, Paris, 2000 ; Miguel BENASAYAG et Florence AUBENAS, *Résister, c'est créer*, La Découverte, Paris, 2002.

oracles postmodernes, pour essayer de voir comment, au-delà de la peur de ce qui « pourrait se passer », nous serions en mesure de nous occuper de ce que nous oublions toujours, que nous dépré-cions toujours au nom du « demain », à savoir le *présent*.

C'est ce que nous tentons dans ce livre, en mobilisant le travail de philosophes comme Leibniz, Spinoza ou Deleuze, mais aussi les apports récents de la neurophysiologie de la perception. Construire les bases d'une pensée de la décision, cela implique, on le verra, de connaître nos déterminations, pour accéder à une position où le destin n'est plus l'ennemi de la liberté. Loin de l'« homme ingénieur », cette figure de l'humain qui conçoit un modèle et tente de l'appliquer au monde, ce n'est qu'à partir d'une pensée située, d'une pensée des corps, que nous commençons à dépasser la virtualisation de la vie.

La fragilité est ainsi la condition de l'existence : nous ne sommes pas convoqués au lien, ni avec les autres ni avec l'environnement, nous sommes liés, ontologiquement liés. La fragilité, condition même de l'existence, est ce qui nous rappelle ces liens, avec le tout substantiel, dont nous sommes porteurs, mais aussi avec ce que notre époque oublie, la longue durée des phénomènes sociaux. Assumer cette fragilité est le défi de tout un chacun.

1

L'individu, création de la conscience

La question de la liberté

Pouvoir repenser la question du sens ne signifie en rien renouer avec une supposée toute-puissance, au contraire. Assumer la construction d'un sens passe par le fait d'assumer un destin, entendu non comme ce qui clôt le devenir d'une situation, mais comme ce qui nous place dans et pour la liberté de la situation. Destin dont l'assomption est la seule façon d'échapper à la fatalité. Car le destin ne devient fatalité que lorsque les hommes tentent de lui échapper, de lui tourner le dos.

Ce que nous continuons à appeler liberté ne serait donc plus quelque chose que, telle une qualité, certains posséderaient et d'autres non ; il ne s'agit pas non plus du droit de faire telle ou telle chose, mais d'auto-affirmation de l'être auquel nous participons (en tant que modes de l'être), chacun à sa mesure. La liberté est donc ce pur mouvement ontologique de l'être qui n'existe que dans chacun de ses modes, dans chaque situation dans laquelle il se donne. L'homme n'est pas libre face aux situations qu'il peut modifier, dominer : la liberté, avant tout, est participation au devenir de chaque situation. C'est pourquoi la question ne peut plus se poser en termes de savoir si nous sommes libres ou non, mais plutôt si nous participons ou non à des devenirs multiples de libération, de développement de la puissance.

Un des pièges de notre société consiste à associer la question de la liberté et du sens à l'individu, c'est-à-dire à cette entité créée par et pour la culture capitaliste comme s'il s'agissait d'un être autonome et isolé. Le subjectivisme qui se fonde sur l'individu nous condamne, fatalement, à une impuissance croissante, car si nous pouvons parler d'une tendance, d'un sens de la situation, celui-ci ne relève en aucun cas d'un intérieur profond des individus, mais au contraire de ce qui en chacun de nous participe à l'universel concret de chaque situation. Au plus « profond » de chaque être nous trouvons le plus extérieur, le plus universel, nous trouvons le tissu de la situation qui possède un sens, une tendance au développement d'elle-même. De ce point de vue, et en tant qu'humains, nous pouvons participer au devenir de la situation dont nous faisons partie, en aucun cas nous ne pouvons nous en extraire.

Participer d'un devenir de libération est la seule « liberté » qui nous est donnée, la seule qui ne tombe pas dans son contraire, la liberté imaginaire de l'individu isolé de son monde, condamné à subir la fatalité. En ce sens, la croyance au « libre arbitre » est inversement proportionnelle au développement de la liberté. Notre société, qui dans son idéal de liberté individuelle (libre arbitre) construit un modèle de liberté virtuelle, trouve dans le destin son ennemi : en énonçant que « tout est possible », elle nous condamne à la fatalité la plus totale, au néant, en nous empêchant de cohabiter avec notre fragilité fondamentale. Comme le disaient les stoïciens, *agnus voletem fata, molentem trahunt* : « Le destin conduit celui qui acquiesce et entraîne celui qui refuse. »

Nous pourrions nous demander où est alors la différence puisque, de toute façon, c'est le destin qui nous dirige. Cela est pourtant profondément faux, car la différence existe et elle se joue, ontologiquement, entre le développement de l'être par le développement de ses multiples dimensions, et la chute vers la privation et le néant. Autrement dit, d'un côté nous avons la possibilité de participer à la liberté, au développement de la vie, et de l'autre celle d'être entraîné par le destin et de tomber dans la fatalité.

L'éthique, en ce sens-là, dans le sens spinoziste, n'a rien à voir avec la morale ni avec l'opinion ou le libre arbitre. L'éthique est l'une des possibilités d'identifier ce qui de l'être existe dans le monde comme pure « exigence ontologique », comme auto-affirmation qui se manifeste en tant qu'exigence. Et la fin de la fonction sujet telle que l'a pensée et construite la modernité occidentale n'est pas, malgré son côté spectaculaire, un « désastre obscur », dans la mesure où elle a été l'une des formes historiques, plus ou moins bonnes, par lesquelles les hommes ont nommé cette exigence ontologique. La « disparition » de la fonction sujet n'est donc qu'un avatar dans le devenir de cette exigence ontologique, en d'autres termes, de l'être comme exigence qui se cherche par de nouvelles voies.

Notre question, comme celle de toute culture et de toute société, est de découvrir les nouvelles formes d'émergence de cette exigence, de cette auto-affirmation, pour pouvoir assumer les innombrables pratiques permettant le développement de la vie dans ses multiples dimensions.

L'impossible combat de l'individu contre le « mal »

Si la pratique a été tellement dévalorisée au sein de la tradition culturelle occidentale, c'est sans doute parce que l'ouvrier, l'esclave ou la main sont les instances proches de la matière auxquelles s'opposent, respectivement, l'ingénieur, l'âme, le cerveau. Si la conscience totalise, elle ne le fait pas par accident, mais en raison d'une vision, d'une explication du monde qui présente l'histoire comme un parcours lent et contradictoire, mais néanmoins sûr. Un parcours à travers lequel la conscience, en tant que représentante de l'idée et de l'esprit, lutte pour se libérer, pour dominer la matière, celle-ci étant – symétrie oblige – la représentante du mal.

Ainsi, très tôt, la tradition occidentale a trouvé sa propre métaphore du mal dans la figure de cette chose étrange qui s'appellerait matière. À première vue, tout le monde croit savoir ce dont il s'agit : la matière serait, tout simplement, ce qui existe de façon évidente et irréductible. En même temps, et malgré le côté pesant du terme, la matière en soi, quelque chose qui pourrait être identifié comme « matière », est paradoxalement introuvable. On ne peut pas rencontrer la matière « en soi », on peut rencontrer des choses que l'on considère plus ou moins comme matérielles, mais à partir du moment où nous rencontrons quelque chose, ce « quelque chose » est nommable, identifiable parce qu'il possède toujours un niveau « non matériel », une forme, une qualité, etc., qui nous permette justement de le rencontrer, non comme « matière », mais comme « quelque chose » dont la matière s'est déjà dérobée. Rien n'existe donc en tant que pure matérialité, pâte ou substance universelle qui connaîtrait des formes infinies, car la matière ne se donne jamais sans une forme, un mode, une qualité.

S'il est impossible de concevoir une étendue séparée de la pensée, la séparation entre idée ou conscience « noble » et matière pratique ou « mal » a créé une hiérarchie, une vision du monde qui ordonne le monde occidental depuis des siècles et qui, depuis le développement de la séparation capitaliste, connaît son apogée. Si la pensée et l'étendue sont des attributs de la substance unique, rien en soi ne nous permet d'affirmer que l'une soit la « cause » de l'autre et qu'alors l'étendue serait la création et la pensée, la créatrice. Comme dans l'*Éthique* de Spinoza, nous pouvons affirmer que la substance unique, cause nécessaire d'elle-même, possède des attributs parmi lesquels la pensée et l'étendue sont les deux que nous connaissons. Nous ne pouvons donc concevoir l'existence d'une étendue matérielle privée de pensée ni celle d'une pensée comme attribut autonome qui ne soit pas « entachée » par l'étendue.

La matière en soi, privée de toute pensée, de toute forme, n'existe pas, ce qui paradoxalement la rapproche du mal qui se l'approprie. Non que la matière soit le mal, mais parce que la non-existence de la matière correspond à la non-existence du mal en soi. La matière est une abstraction théorique qui sert à évoquer la privation de dimensions, la privation de forme et d'être, et qui ne peut pas être pensée comme quelque chose qui pourrait exister en soi, mais comme une tendance. Le mal à son tour est uniquement pensable comme privation de bien, privation d'être, et, en ce sens, lui non plus n'existe pas comme quelque chose en soi, mais comme pure tendance dans chaque situation en perte de puissance, en perte d'être.

Nous pouvons ainsi, en situation, évoquer la « matérialité » des choses comme nous pouvons évoquer le mal d'une tendance, sans que cela implique quelque chose qui existerait « en soi », indépendamment des tendances de chaque situation. Pourtant, idéologiquement, l'Occident a associé cette matérialité à la pratique, en créant une pure abstraction, la dimension d'un pur esprit qui dirige, ordonne et donne sens à cette existence matérielle. La conscience se transforme ainsi en véritable maladie pour la culture occidentale qui construit peu à peu une espèce de monde de et pour la conscience, où sont méprisées et niées toutes les autres dimensions de l'être qui échappent au moi conscient, à l'individu. Les « pédagogues » se demandent par exemple si l'on peut désormais imaginer une scolarisation « virtuelle », où les enfants n'auraient plus besoin de se déplacer jusqu'à l'école, comme si la seule chose qui aurait lieu à l'école consistait à établir une série d'échanges d'informations conscientes entre professeur et élèves.

Le monde virtuel se présente ainsi comme le paradis de la conscience, un monde où l'on pourrait faire comme si les corps n'existaient plus, un monde de pure transparence, monde de l'empire panoptique qui, dans son intolérance envers l'opacité propre à la vie, crée inévitablement d'énormes zones d'obscurité, de barbarie et de violence. Le monde de la conscience panoptique ne peut pas s'empêcher d'être, du même geste, celui de la conscience paranoïaque qui passe son temps à craindre l'insécurité qui l'entoure. Chaque situation représente une complexité d'agencements, de compositions et de décompositions qui échappent, par excellence, au niveau conscient qui ne peut voir que la surface. À essayer d'ordonner, de donner un sens (unique) au multiple de la situation, la conscience est condamnée à procéder de façon brutale et mortifère.

L'individu, création de la conscience, se vit comme extérieur, comme « empire dans l'empire », la situation dans sa complexité étant pour lui pure menace. L'homme devenu individu essaie, alors, de la dominer pour être « libre ». Mais plus il essaiera de la dominer, plus la complexité sera grande et violente. Contrairement à la personne, instance de la multiplicité, l'individu s'identifie uniquement à sa conscience : ni son corps ni son milieu ne font « partie » de lui, pas plus que lui ne fait partie d'eux.

L'individu est donc cette instance qui s'identifie à la lutte contre la matérialité, contre ce qui apparaît comme le mal. C'est pour cela que tous les corps, et le sien en particulier, seront, pour l'individu, ce « relent » de matière qui implique inévitablement la présence d'un mal à combattre et à dominer. Si la liberté dépend d'une pratique de construction de nouvelles dimensions, si elle a à voir avec un auto-développement de l'être de la situation, la société de la conscience ne peut être que liberticide. Dans sa lutte acharnée contre le « mal », elle ne peut, paradoxalement, éviter de s'enchaîner à un devenir du mal, à une tendance vers le mal.

Philosophie et engagement

Le vécu propre à cette époque où nous vivons éloignés du réel, condamnés à une vie de pure virtualité, de pur spectacle passif de notre propre réalité, nous conforte dans la certitude d'être des individus « autonomes », séparés de la situation dont nous faisons partie. En tant qu'individus, nous ne pensons être ni responsables ni protagonistes d'une époque à laquelle nous nous refusons d'appartenir totalement. Comme si l'époque, ce qui arrive, ce qui nous arrive, n'était qu'un malencontreux accident qui nous dérouterait du chemin que nos vies et le monde même devraient avoir parcouru.

Cependant, la spectacularisation de la société et de la vie fait partie de ce qui existe en tant que réel, et c'est pour cela que le devenir virtuel du monde n'est pas à comprendre comme séparation imaginaire d'une instance par rapport au monde réel. Autrement dit, la croyance d'être des entités séparées du tout substantiel auquel nous appartenons ne crée pas pour autant « réellement » une instance de séparation. La séparation n'est pas autre chose qu'un mécanisme imaginaire, même quand elle provoque des effets bien réels.

La virtualisation, l'unidimensionnalisation de la vie ont comme conséquence la diminution de la puissance, de la vie par diminution de ses dimensions. À ces tendances, nous pouvons opposer des pratiques et des points de vue qui développent de nouvelles dimensions. L'accès au réel, par des pratiques qui rompent avec la dynamique spectaculaire, ne signifie en aucun cas sortir d'un « faux monde », d'une « fausse vie » pour « accéder » à ce qui existerait en dehors de nous. La résistance à l'unidimensionnalisation, à son tour, ne signifie pas passer de butte en blanc à une autre forme de vie, mais s'engager dans des pratiques de libération, de pensée et de solidarité, dans la mesure où il n'y a de liberté que dans la construction de devenirs de libération.

Tout accès au réel, c'est-à-dire à l'exigence comme manifestation objective de l'être de la situation, ne passe pas par un abandon de la pensée ou par une apologie de l'empirisme athéorique qui nous placerait dans une « innocence perceptive ». Bien au contraire, pour pouvoir retrouver quelque chose de ce réel qui se dérobe sous nos pieds, il faut pouvoir penser et mettre en avant des expériences qui ont pour objectif la recomposition des pratiques allant à l'encontre de la tendance virtualisante dominante aujourd'hui.

Dans ce dessein, il est nécessaire de dépasser l'aporie face à laquelle nous place la pensée occidentale chaque fois qu'elle juge nécessaire d'établir une axiologie entre la théorie et la pratique. Dans la tradition moderne, la relation théorie/pratique est structurée d'après une hiérarchie déterministe et évolutionniste selon laquelle la pratique est ce qui doit « suivre » la théorie, lui « obéir ». Qui plus est, il est difficile de penser au sein de cette tradition l'existence de pratiques « athéoriques », sans qu'elles soient immédiatement associées à un retour du « mal » dans le sens où le conçoivent les philosophes idéalistes, comme le propre de la matière qui n'a pas encore été « civilisée » par la théorie. Cette tradition a aussi produit des théories aberrantes, totalement isolées de toute pratique, comme la philosophie universitaire, ou philosophie de salon, qui est aberrante non pas parce qu'elle est bête, mais parce qu'elle est passablement stérile.

Pour Deleuze, théorie et pratique représentent deux combinatoires parallèles, parfois euclidiennes, parfois lobatchevskiennes ou riemanniennes, c'est-à-dire des parallèles qui tantôt ne se touchent en aucun point, tantôt se touchent en un point, tantôt le font en des points infinis. Telles que les pense Deleuze, la théorie et la pratique sont des combinatoires autonomes qui peuvent renvoyer l'une à l'autre, et servir l'une à l'autre pour résoudre leurs apories respectives. Ainsi, lorsque les pratiques s'éloignent trop de la production théorique ou, au contraire, quand la production théorique s'éloigne trop des points de production de pratiques, la situation éprouve une sorte d'anomalie, de disharmonie qui finit par mettre en péril l'existence même de l'ensemble.

Un exemple de ce dysfonctionnement par excès de séparation est fourni par une tendance hégémonique en Occident selon laquelle les gens ont des « idées » différentes les uns des autres, des opinions divergentes, ils s'affrontent sur de nombreux sujets et parfois même très violemment, mais ils vivent ou, en tout cas, désirent vivre presque tous de la même façon. Faute d'une pensée propre à chacun, ce sont les images identificatoires de bonheur qui ordonnent les pratiques, les modes d'être des individus qui, au sein de cette uniformisation et sans qu'elle soit mise en danger, se contentent d'afficher des opinions antagoniques même quand celles-ci ne servent qu'à consolider un « monde unique ».

L'Occident croit farouchement à la supériorité et à l'autonomie de la tête, de la conscience, par rapport au reste du corps, cette sorte de « relent » du monde matériel au sein de l'univers spirituel et rationnel avec lequel nous identifions notre propre être. Descartes constate qu'il « est » à partir du moment où il croit pouvoir affirmer que sa conscience travaille. Étrangement, tout ce que son corps ressent, ses tripes, son sexe, le poids de sa chair, ses cors aux pieds, ses problèmes digestifs, etc. ne sont dignes d'aucune attention. La conscience instaure ainsi une centralité et un monopole ontologique. Descartes marque en ce sens un retour en arrière par rapport à son illustre prédécesseur Aristote, qui, lui, au moins, souffrait d'indéniables troubles digestifs, ce qui l'obligeait à marcher entre les repas et a donné à son école le nom de « péripatéticiens » – trace historique de ce qu'Aristote, lui, avait sans doute un corps.

La philosophie de la conscience et son corollaire, c'est-à-dire la politique et les gestions sociales centrées sur la conscience, correspondent au triomphe du monde de la séparation, où la représentation devient virtualité et le virtuel occupe tout l'espace de la vie. La conscience, pourtant, n'est pas un dépassement, un niveau supérieur ou un aboutissement de l'évolution naturelle.

Comme le dit Deleuze dans son essai sur Spinoza, « il ne suffit pas de dire que la conscience se fait des illusions : elle est inséparable de la triple illusion qui la constitue, illusion de la finalité, illusion de la liberté, illusion théologique. La conscience est seulement un rêve les yeux ouverts [1] ».

Ce « rêve », pourtant, a des effets très réels, à commencer par celui de faire passer les illusions pour la réalité ou, du moins, d'estomper leur frontière. La philosophie qui donne la priorité à la conscience par rapport au reste du multiple du réel, contre le reste du monde et de la nature dont elle croit être définitivement séparée, est celle de l'individu, ce personnage unidimensionnalisé qui identifie liberté et domination. Et qui, dans son rêve de maîtrise, cache sa peur et sa profonde méfiance envers la vie et le devenir.

La conscience est l'instance qui permet au « moi » d'avoir cette terrible illusion de permanence et de centralité. Le moi, l'individu séparé et sérialisé, existe « contre » le réel qui l'entoure, contre la multiplicité et son opacité, dans une lutte pour la transparence, une lutte contre la vie. L'objectif de la conscience consiste donc à identifier le multiple qui constitue chaque personne à une « étiquette », à un moi central. La philosophie de la conscience produit ainsi une culture de la tristesse et de l'impuissance : bien plus que d'une supposée impuissance naturelle de la vie pour changer et modifier sa réalité vers plus de liberté, plus de justice, elle parle, dans son constat de tristesse, de l'impuissance de la conscience même comme instance perdue dans l'imaginaire.

C'est pourquoi plus une culture s'identifie à la conscience, plus elle tombe dans l'impuissance qui caractérise cette dernière. Les hommes et les femmes qui, sans bouger de leur bureau ou de leur bibliothèque, sans développer leur puissance corporelle et leurs infinies dimensions, parviennent, par une opération de la conscience, à une tristesse pessimiste qui se prétend lucide ne font que constater, sans le savoir, que toute identification du multiple de la vie à la vacuité de la conscience mène inévitablement à ce pessimisme et cette impuissance.

---

1. Gilles DELEUZE, *Spinoza et le problème de l'expression*, Minuit, Paris, 1968, p. 204.

La conscience qui se prétend instance totalisante conclut ainsi à l'impuissance du réel, alors qu'en réalité il ne s'agit que de la projection de sa propre impuissance, celle de la culture et de la croyance en l'individu comme représentant de cette conscience. La suprématie que l'Occident accorde à la conscience conduit à une pensée réduite à sa plus simple expression, une pensée unidimensionnelle qui a pour objectif une sorte d'étiquetage panoptique de la multiplicité. La conscience, et surtout la croyance dans la conscience comme seule instance ou comme instance centrale de la pensée, n'est autre chose qu'une construction historique, idéologiquement élaborée pour justifier le monde de l'individu, la société de la sérialisation, autrement dit le triomphe du capitalisme et de ses structures de base : la séparation et l'unidimensionnalisation. Un monde marchandise est ainsi un monde quantifiable, un monde dénombrable et transparent à la conscience.

Les illusions de la conscience

Notre critique ne cherche pas à nier l'existence d'une instance consciente comme un élément de plus au sein d'une multiplicité, mais à lui rendre sa place en la concevant comme un phénomène de surface en plus, ni central, ni majeur, comme l'expose la philosophe Joëlle Proust : « On peut ainsi considérer que les états conscients, pour autant qu'ils jouent un rôle dans la vie mentale, constituent une variante des états représentationnels. Il y a des représentations actives qui ne sont pas et ne deviendront jamais conscientes [2]. »

Ces représentations actives qui ne passent pas par la conscience constituent une des voies de la pensée pratique, de cette pensée du réel qui n'est pas uniquement théorique ou consciente. En suivant Spinoza, nous pouvons identifier deux modes de la pensée : l'*affectio* (affection) et l'*affectus* (l'affect). L'affection sera le mode de pensée représentatif, l'idée dans le sens d'une notion qui représente, qui symbolise quelque chose,

2. Joëlle Proust, *Comment l'esprit vient aux bêtes*, Gallimard, Paris, 1977.

tandis que l'affect sera le mode de pensée qui ne représente rien, par exemple une volonté. Une volonté implique que nous souhaitons quelque chose, mais la volonté en soi, en tant qu'affect, ne représente rien d'autre qu'elle-même, autrement dit elle ne représente pas. Les perceptions qui ne passent pas par la conscience ne cessent pas pour autant d'être des modes de la pensée, simplement elles existent sous des formes différentes de la conscience, sans que nous puissions établir une hiérarchie entre ces différents modes.

L'unidimensionnalisation de notre culture donne à tel point la priorité à l'information consciente qu'elle en vient à ne plus bien savoir quelle est la différence entre une expérience consciente et une pratique dans laquelle il est question du corps, de la complexité du corps. Nous sommes aujourd'hui très mal armés pour répondre de manière claire à la question : qu'est-ce qu'une pratique ? Dans notre société dominée par l'idéologie de la communication, ce qui est valorisé par-dessus tout est ce qui tourne autour de notre perception consciente, comme si l'accès au réel était donné exclusivement par les voies de la communication, et que toutes les autres perceptions dont parle Joëlle Proust étaient minimisées ou carrément niées.

L'information communicationnelle se caractérise justement par le fait de chercher au sein de la multiplicité du réel l'élément représentationnel qui se prend pour le « tout ». De sorte que la conscience, l'information consciente, constitue une sorte de catalogue où est consignée une série d'étiquettes, auxquelles on peut toujours en ajouter d'autres pour élargir le catalogue, en étant pourtant toujours condamné à une recherche impossible de complétude de l'information. Le catalogue, comme objectif de l'information, a comme défaut structurel d'être toujours incomplet. Le réel semble se dérober au catalogue juste au moment où celui-ci paraissait pouvoir être complété. Ainsi l'expérience purement consciente est-elle toujours une expérience appauvrissante.

« Il y a autant de dimensions que nous avons de muscles », écrit Joëlle Proust[3], les muscles évoquant ce corps qui, dans la culture de la conscience, est non seulement oublié, mais nié, virtualisé. Comme dans les plus dures des traditions idéalistes, nos

---

3. *Ibid.*

cultures panoptiques nient le réel multiple du corps, le seul corps ayant droit de cité étant le corps hyperdisciplinė, rendu transparent par l'idéologie de la communication. Sorte de « corps sans corps », sans épaisseur ni opacité, c'est le corps idéal tel qu'il est glorifié et stéréotypé par le sport, le showbiz et les top models de service.

Et Proust de poursuivre : « Le mouvement ne présuppose pas l'espace, mais à l'inverse, l'espace est le produit du mouvement[4]. » Nous avons déjà esquissé une critique de la conception moderne du temps et de l'espace comme entités qui pourraient exister « en soi et pour soi », d'où découle la sensation que le temps se réduit et l'espace se rétrécit. Cela est en réalité un symptôme, non le constat d'un phénomène ; c'est la preuve du travail d'unidimensionnalisation, d'anéantissement qui s'opère dans nos sociétés. Puisque l'espace dépend du mouvement, nos sociétés disciplinaires ont besoin de populations assises face à leurs écrans, qui perdent peu à peu leur « espace », leurs dimensions à partir du moment où elles perdent le mouvement.

Il est alors inévitable que ces populations hypersédentarisées constatent qu'elles sont « impuissantes » ou que le monde leur semble devenir virtuel au point qu'elles ne sont plus capables de faire la différence entre un voyage virtuel et un corps qui se déplace, c'est-à-dire une pratique qui crée des espaces et développe des puissances. Ce processus de virtualisation dépend de l'identification de l'être avec la seule dimension de la conscience. Voyages virtuels, relations virtuelles, amours virtuelles, amitiés virtuelles, etc. ne sont pas juste des pratiques culturelles et sociales en plus qui viendraient s'ajouter, pour l'enrichir, à un monde qui resterait néanmoins le même qu'avant. En réalité le monde, le multiple du réel s'émacie jusqu'à se dérober bel et bien sous nos yeux, pour donner sa place à l'autre monde, celui qui proclame le triomphe de l'économie, là où la virtualité de la finance est infiniment plus réelle que la vie des gens, des animaux et des plantes.

Les représentations conscientes prennent ainsi toute la place ; véritable inversion ontologique, la représentation, le spectacle

4. *Ibid.*

devenu autonome nous sont présentés comme plus réels que le multiple réel. Notre point de vue sur le monde devient, lui-même, le monde (ce que nous appelons « point de vue » est ce « carrefour situationnel » où nous existons en tant que personnes, en tant que multiples articulés avec la multiplicité de la situation à laquelle nous appartenons). Pour Joëlle Proust, « le point de vue sur le monde est celui qu'offrent le corps et ses parties, pour déterminer l'origine et les axes du contenu de l'expérience perceptive[5] ». Le point de vue précède ce que dans nos traditions philosophiques nous nommons sujet, ce dernier étant, d'emblée, inscrit au sein du point de vue situationnel. Le point de vue se forme, émerge à travers ces multiples articulations qui donnent lieu à une infinité de perceptions, parmi lesquelles la conscience n'est qu'une petite partie, superficielle mais toujours tentée par l'illusion d'être « totalisante ». Lorsqu'une culture produit les conditions qui font que le corps ne peut plus créer ni élargir le point de vue, les conclusions du sujet de l'expérience iront inévitablement du côté des « passions tristes », de l'impuissance. Une critique profonde de notre société ne pourra donc pas faire l'économie d'une véritable déconstruction de son modèle central, celui de la représentation.

Pour que le « sujet » humain ait un point de vue « subjectif » sur le monde, il est nécessaire qu'il puisse se fonder sur un point de vue « objectif », situationnel, qui s'attaque à la culture qui unidimensionnalise et à la société de l'individu et de la communication. Les pratiques produisent ainsi des perceptions multiples qui ne peuvent s'unifier, se synthétiser, contrairement à la conscience qui réunit le multiple, mais qui le réunit en tant que séparé. Le réel, ce qui existe comme multiple, est donc paradoxalement ce qui évoque l'un en tant qu'union ontologique du tout substantiel auquel tout multiple appartient. La substance, précise Spinoza, en tant qu'unité, n'existe que par ses modes (multiples). Ainsi, la contradiction entre multiple et unité substantielle est fausse, puisque c'est précisément dans cette tension que se donne l'être.

Comme l'affirment les philosophes néoplatoniciens, il n'existe pas de multiple pur, un multiple qui ne participe pas

5. *Ibid.*

également, à cause de son existence, à une unité fondamentale. En même temps, cette unité, ce « tout » n'existe pas comme dans la série ou le catalogue, comme la somme quantitative des parties ; le tout existe, entier, dans chacune des parties, dans chaque expression du multiple. La couleur rouge, par exemple, n'est pas la somme de toutes les tonalités du rouge du monde : elle est le rouge tel qu'il existe dans chacun des modes, dans chacune des choses rouges qu'il y a dans le monde. Il n'y a pas un « tout rouge » qui existerait en dehors de chacun des rouges multiples ; en même temps, au sein des multiplicités, dans chaque chose rouge, c'est le rouge tout entier qui s'exprime et qui existe en tant que « tout ». Encore plus évident est l'exemple de la vie : ce que nous nommons la vie, comme phénomène biologique, n'est pas la somme de chacune des vies individuelles ; la vie est complètement dans chaque être vivant. Il n'existe pas de lieu où nous puissions dire qu'il existe un « tout de la vie » séparé de chacun de ses modes d'être. En même temps, dans chaque mode, dans chaque vie, c'est la vie tout entière qui s'exprime.

Dans le multiple, la vie de chaque être évoque cette unité, ce « un » qui existe comme un multiple, tandis que dans la série, c'est-à-dire dans la dispersion, les individus sont pensés comme autonomes de toute unité, de tout ordre ; ils se vivent comme coupés, exilés du tout substantiel auquel pourtant ils appartiennent. Dans nos sociétés, nos propres vies personnelles ne nous évoquent plus la vie comme universel concret, comme participation à ce tout dont nous faisons partie. Peut-être l'affirmation de Deleuze selon laquelle « la vie n'est pas quelque chose de personnel » est-elle justement à comprendre comme la réponse à ce simulacre qu'est la vie de la conscience qui se prétend séparée du monde, isolée, pure partie sans tout. La conscience, en réunissant le multiple en tant que séparé, en le pensant comme série, l'isole de ce tout substantiel, autrement dit elle le désontologise. La sérialisation, caractéristique de la société de l'individu, pense ainsi une série qui n'est plus un multiple, mais pure quantité d'éléments séparés entre eux et séparés de la substance.

Cependant, le processus par lequel une instance perceptive réflexive comme la conscience devient centrale ne peut être pensé comme une simple « erreur de parcours ». Il s'agit au contraire de comprendre ce devenir comme une lente et contradictoire émergence. Comme nous l'avons étudié dans des travaux antérieurs, la suprématie de la conscience correspond à l'histoire et au développement de la culture de l'individu, la culture du capitalisme qui a besoin de cette séparation dans sa quête de son idéal de transparence, de maîtrise et de pouvoir sur le multiple de la vie [6].

Notre objectif, pour autant, n'est pas du tout celui de diaboliser la conscience. Si Pascal écrit que « le moi est haïssable », ce moi, cette conscience, n'est pas non plus pure illusion ; elle est, pourrait-on dire, une « vérité de perspective ». La « vérité de perspective » pourrait être comparée à une pièce de monnaie, qui, placée dans un angle adéquat, est « plus grande que le soleil ». La conscience cache ainsi le soleil du réel, en faisant croire à l'individu, supposé autonome, que ce qu'il perçoit (la pièce de monnaie) est la somme, la totalisation du réel. L'individu occidental qui croit en la conscience, qui croit être lui-même une conscience, ignore que la possibilité même de pouvoir voir sa pièce dépend de ce que cette pièce cache : le soleil, les étoiles et l'univers qu'elle recouvre.

La « maladie » de la conscience, comme celle du moi, part de l'absolutisation de cette « vérité de perspective ». C'est pourquoi la pensée, l'activité philosophique en particulier, ne peut être réduite à sa version « consciente », unidimensionnelle, comme elle tend à l'être en Occident. La pratique philosophique est au contraire à penser comme existant au service de la vie, en tant que subversion permanente. Comme l'écrit Gilles Deleuze, « la philosophie doit se constituer comme la théorie de ce que nous faisons, non pas comme la théorie de ce qui est. Ce que nous faisons a ses principes et l'être ne peut être saisi que comme l'objet d'une relation synthétique avec les principes mêmes de ce que nous faisons [7] ».

Ce que « nous faisons » replace la pratique dans son rôle indispensable de construction du monde, de construction de la

6. Voir notamment Miguel BENASAYAG, *Le Mythe de l'individu*, La Découverte, Paris, 1998 (édition de poche : La Découverte, Paris, 2004).

7. Gilles DELEUZE, *Spinoza et le problème de l'expression*, *op. cit.*, p. 69.

situation. Il faut donc pour cela pouvoir abandonner l'héritage du rationalisme occidental qui continue de considérer, dans son mépris de la pratique, dans sa méfiance envers le corps, que la matière est le mal.

2

Ce que nous faisons

Entièrement d'accord avec Deleuze, ce que nous essayons de faire, donc, n'est certainement pas de l'histoire de la philosophie, ni celle des concepts philosophiques. Notre ambition est plutôt de faire de la philosophie, c'est-à-dire penser, à partir des problèmes qui fondent concrètement cette époque tellement marquée, blessée par des menaces et dangers de toutes sortes. Marquée, aussi, on l'a vu, par les passions tristes, comme les présente Spinoza dans son traité sur les passions. Dans ce contexte assombri, donc, faire de la philosophie ne peut signifier autre chose que tenter de relever le défi d'avoir une voix, de se compter parmi ceux qui tentent de résister à l'air du temps. La philosophie, ainsi que la pensée et la recherche doivent aujourd'hui redevenir une « cause », c'est-à-dire, un travail d'engagement contre la destruction et le nihilisme ambiant.

La philosophie aux frontières

Face à ces multiples menaces, il est légitime de commencer par se demander ce que la philosophie pourrait bien faire pour modifier l'état des choses. Et l'on aurait bien raison de s'en méfier, si l'on gardait de la philosophie seulement sa version académique, celle qui s'obstine dans la répétition permanente de l'histoire de la philosophie et qui, petit à petit, a réussi à prendre la place de toute l'activité philosophique. Il s'agit pourtant, là, d'une vision très partielle de la philosophie car, en vérité, la pensée et le travail de construction de concepts à partir des problèmes concrets se développent plutôt, de nos jours, dans des lieux « non orthodoxes », non classiques. En effet, l'essence même de la philosophie passe par la possibilité d'entendre l'appel qui nous fait migrer des terres apparemment sûres où nous sommes vers la construction philosophique entendue non pas comme activité de salon ou de bibliothèque, mais comme aventure de guetteur, de nomade, capable d'accompagner tous ceux qui, par des pratiques très concrètes, assument les défis de ce qui dans chaque situation et dans chaque époque « se donne à penser ».

La philosophie, celle qui est digne de ce nom, n'existe qu'aux frontières de la norme, aux frontières de nos vieilles certitudes. Elle existe dans des milliers de pratiques minoritaires qui surgissent souvent là où il n'y a pas de propriété à défendre, parmi ceux qui, en assumant la position existentielle de n'avoir rien à perdre, en brûlant leurs vaisseaux pour avancer malgré l'idéologie disciplinaire et sécuritaire dominante, s'aperçoivent avec allégresse qu'ils ne possédaient pas de vaisseau. Elle existe dans les laboratoires des chercheurs en neurophysiologie, qui aujourd'hui, en déconstruisant les dogmes classiques de la perception, élaborent les bases nouvelles pour comprendre les mécanismes de production de la connaissance et la phénoménologie. Elle existe – il faut oser le comprendre – là où beaucoup de gens sans qualification officielle continuent, et cela malgré la tristesse de l'époque, à expérimenter, à créer et à inventer de nouvelles formes d'agir.

Pensons, par exemple, à tant de mouvements populaires qui, sans se laisser paralyser par la rupture des paradigmes modernes du sujet, de la conscience et de l'acte (paradigmes tous orientés par et pour un modèle et un programme), osent depuis quelques décennies de nouvelles formes d'engagement social, de nouvelles expériences de justice et de solidarité. Leurs expériences, nous le voyons tous les jours, n'ont pas seulement été « efficaces », mais plus encore elles créent (en creux) de nouvelles formes de lien avec l'environnement et avec les autres, et aboutissent à de nouvelles conceptions de la liberté, laissant de côté la téléologie et la pensée en termes de cause/effet. Dans les champs inhospitaliers du nord-est du Brésil, comme dans des centaines d'autres lieux dans le monde, des gens créent concrètement de nouvelles formes d'existence, de nouvelles manières de faire lien avec le réel, et imaginent de nouvelles figures de ce que la vie peut être dès lors qu'elle s'émancipe de la compulsion utilitariste et économiste dominante.

Dans des pratiques très différentes et variées, qui traversent presque l'ensemble de la vie sociale, nous voyons émerger ainsi des tentatives théoriques et pratiques pour comprendre le réel – au moins sous les formes qui nous sont repérables –, pour dépasser le monopole que la conscience exerce sur la pensée. Faire de la philosophie, donc, aujourd'hui ne peut plus se réduire à se lamenter sur le triste cours des événements ou, pire encore, à pérorer depuis une position de « nulle part » contre ce qui existe. Faire de la philosophie exige de participer à la création des nouvelles théories et pratiques, là où, tout en « se donnant à penser », le réel exprime les graves défis que nous affrontons aujourd'hui en tant que vivants parmi les vivants.

Il y a déjà plusieurs siècles, Spinoza nous rappelait à notre condition d'appartenance à un monde et nous enjoignait d'éviter de tomber dans la tentation narcissique de nous croire « extérieurs » au monde, « sujets » par rapport à un monde objet. Aujourd'hui, ce sont ces éventuels liens avec ce monde, comme environnement, comme société, qui paraissent s'effacer pour nos contemporains ; plus nous nous vivons comme séparés du réel, moins nous pouvons expérimenter et constater, voire construire et développer les liens qui nous unissent avec le réel.

On s'étonne de constater que dans une même période historique des personnes différentes et sans rapport entre elles travaillent sur les mêmes problèmes, avancent les mêmes hypothèses et découvrent les mêmes solutions. L'étonnement provient de l'idée trompeuse que les individus existent en soi et pour soi, et que les problèmes tombent, comme des tempêtes inopinées, sur des individus qui seraient toujours égaux à eux-mêmes. Or il faut comprendre que c'est au contraire une série toujours limitée de problèmes et de défis qui fondent chaque époque. Ce ne sont donc pas les individus qui rencontrent fortuitement des problèmes dans leurs vies, mais plutôt les problèmes et les défis qui, en fondant une époque, déterminent ce que les individus seront et devront affronter pour exister, pour être. Non seulement nous ne rencontrons pas accidentellement des problèmes dans la vie, mais nous sommes, nous-mêmes, des modes, des éléments de ces problèmes qui fondent les époques et les différents paysages.

Récemment, ayant assisté au cirque spectaculaire qui a accompagné l'arrivée du nouveau millénaire, nous avons constaté la dimension ridicule, presque pathétique, de ce spectacle d'une humanité voulant jouer à vivre un vrai événement historique, voulant témoigner de l'arrivée « en direct » d'une nouvelle époque. L'on avait imaginé même une série de menaces et catastrophes pour émailler et pimenter l'« événement », mais, naturellement, rien ne s'est passé, car les époques historiques ne dépendent jamais du calendrier. On pourrait penser que les hommes ont oublié que les calendriers furent créés pour mesurer le devenir, qu'ils ne sont pas eux-mêmes ce devenir. Sans être historiens, nous savons quand même que tout ce qui en Occident s'est passé autour du premier millénaire, cet « an mille » tellement redouté, ne correspond en rien à une date, mais plutôt à ce que, *a posteriori*, nous pouvons identifier avec le véritable commencement d'une époque, et que ce commencement coïncide plus ou moins avec l'année 1000. Le millénarisme, pour le dire autrement, n'est jamais une question de date.

Dans cette virtualisation de la vie, nous sommes en train d'oublier la différence fondamentale qui existe entre la carte et le territoire, de la même façon que nous avons déjà oublié que la représentation de la vie n'est pas la vie. Assumer son époque, pourtant, aujourd'hui comme toujours, signifie repérer les points ontologiques qui « se donnent à penser », ceux qui signalent des problèmes non pas en tant que questions intéressantes mais comme de véritables apories qui mettent en danger la survie même de la vie. C'est ce que nous faisons – ce que nous essayons de faire – en suivant, avec une profonde conviction, les consignes de Deleuze.

L'irruption catastrophique de la « complexité »

Nous sommes, effectivement, les enfants d'une véritable « époque obscure ». Comme l'écrivait Gramsci dans ses *Cahiers de prison*, « l'ancien monde est déjà disparu, le nouveau monde n'est pas encore là, et dans cet entre-deux les monstres apparaissent ». Nous sommes dans cet « entre-deux », sans que rien nous permette d'affirmer qu'il y aura une suite. Époque obscure, marquée par la menace, dans laquelle les hommes, identifiés de façon totale et irrévocable avec le mythe historiciste d'un futur chargé de positivité, n'arrivent plus à trouver leurs repères maintenant qu'ils constatent, dans l'après-coup que, pour ainsi le dire, la rupture a eu lieu. Comme l'écrit Kostas Axelos, « lancés dans la conquête du monde, voulant dominer la nature et organiser la société, les hommes modernes se trouvent situés et jetés dans un espace-temps où souffle un vent froid [1] ».

Ni son propre messie, ni son propre « libérateur », l'homme moderne, qui pensait sa vie en termes d'une longue et sûre émancipation – laquelle mettrait fin à la rareté, la maladie, l'ignorance, etc. –, est loin d'être arrivé au point de rendez-vous : bien au contraire, il se trouve tragiquement au point opposé du mythe moderne. Non seulement il n'est pas le maître du monde, mais la vie, dans son ensemble, lui paraît de plus en plus dérisoire, marquée par cette vacuité fantasmatique que Macbeth avait si bien ressentie : « La vie n'est qu'une ombre qui passe, un pauvre histrion qui se pavane et s'échauffe une heure sur la scène et puis qu'on n'entend plus… Une histoire contée par un idiot, pleine de fureur et de bruit et qui ne veut rien dire [2]. »

Le décryptage du message de l'histoire, l'épiphanie, l'avènement de l'âge de l'esprit n'ont pas eu lieu. Et nous serions les tristes contemporains du bruit et de la fureur, héritiers de notre propre échec, ou encore, comme dit Axelos, cet homme « qui n'est pas capable de sauter par-dessus son ombre ». Divisé en lui-même, déchiré par le combat perdu d'avance entre ses souhaits de vie meilleure et la réalité brutale de son impuissance, l'homme contemporain a l'air d'une créature défaillante, une

1. Kostas AXELOS, *Héraclite et la philosophie*, Minuit, Paris, 1997, p. 27.
2. William SHAKESPEARE, *Macbeth*, acte V, scène 5.

sorte de robot abandonné qui aurait perdu son propre mode d'emploi, l'accès aux « commandes » qui lui permettraient de passer du souhait à l'action.

Comprendre pour agir, agir pour maîtriser le réel, tel était, dit d'une façon simpliste, le programme qui a constitué l'essence même de l'homme occidental depuis plusieurs siècles. Le monde, la création même apparaissaient ainsi à ses yeux comme étant « inachevés ». Dans ce contexte de perpétuelle genèse, d'un inachèvement qui était à la fois défi et promesse, l'homme et l'histoire sont nés d'un même rêve narcissique, le premier en tant que sujet, protagoniste suprême d'une épopée, la seconde comme le récit glorieux de cette épopée. Depuis, les seuls faits humains qui mériteront d'être retenus comme étant « vraiment » historiques seront les jalons de cette montée de l'homme vers son destin en tant que sujet de l'histoire.

La crise actuelle est ainsi fortement marquée par la mise en question de la quasi-totalité des paradigmes épistémologiques de la modernité ; il souffle même un vent très fort de remise en cause de la rationalité elle-même, comme si l'homme, se sentant trahi par elle, se retournait, vexé, vers d'autres modes et approches du réel, plus imaginaires. Plus nous éprouvons le vécu de la menace et l'impuissance, plus nous sommes tentés par des modes de vie et de pensée velléitaires, qui tournent le dos au réel et qui, du même geste, renforcent l'impuissance et la menace.

Face à l'échec supposé de la rationalité classique s'ouvre, devant l'homme, un véritable abîme épistémologique : une fois que la pensée et la logique linéaire ont été mises en cause, surgit, de toute sa force, la « complexité ». Mi-dieu, mi-démon, adorée par les uns et détestée par les autres, idéologie simpliste pour certains, concept et hypothèse légitime pour les autres, la complexité est sans doute une des rencontres catastrophiques qui marquent notre époque. Si pendant plusieurs siècles on avait fortement identifié le concept de liberté à celui de domination, à la pratique de dominer le monde, soi-même, et les autres par le moyen de la connaissance des mécanismes du réel, l'irruption de la complexité s'attaque avec férocité au cœur même de l'idéal de la modernité.

Elle apparaît ainsi comme le terrible retour de tout ce qu'on a si soigneusement voulu refouler. Pour l'homme du progrès, celui qui se prétendait au-dessus des contraintes, celui qui ne poursuivait que son propre dépassement et qui aimait se regarder depuis un « nulle part » au-delà de son corps et de son époque, au-delà de toute détermination concrète, ce retour de tant de dimensions troublantes du réel comme de lui-même est bien un événement catastrophique. Il n'est pas besoin d'essayer de lui faire comprendre que, derrière ce que l'on nomme « complexe » et que l'on a mis des siècles à oublier, il y a aussi, bien que ce soit difficile à discerner pour ses yeux éblouis par les lumières et la transparence, d'heureuses rencontres et retrouvailles avec ce qui le constitue comme élément joyeux d'un tout qui le dépasse et le fonde.

Mais disons-le tout de suite : si échec il y a, il ne s'agit en aucun cas de celui de la rationalité classique, malgré son mariage malheureux avec le déterminisme simpliste qui donnait comme axiome que n'est rationnel que ce qui est analytiquement prévisible. Il ne s'agit pas non plus de l'échec de l'axiome en tant que tel, mais plutôt du fait, idéologique et non logique, de voir dans cet énoncé *l'ensemble* de la rationalité. Malgré la prétendue trahison de la raison, cet énoncé de base reste correct, bien que seulement dans certaines situations, et sous condition qu'il soit capable de cohabiter avec d'autres formulations aussi logiques que lui.

L'histoire confuse dans laquelle la rationalité a fini par se retrouver mariée au déterminisme implique donc une épistémologie, mais aussi une ontologie. Le fait de délimiter les frontières du rationnel à ce qui est analytiquement prévisible a entraîné, *ipso facto*, l'exclusion de toute pensée en termes probabilistes. Mais, surtout, il a instauré, au départ, l'hypothèse ontologique qui affirme que le réel existe en soi et pour soi, et que le sujet humain, séparé à jamais de ce réel-là, doit tenter de le connaître, de le rencontrer. L'identification mécanique du rationnel au prévisible, loin de relever d'une prise de position scrupuleusement « scientifique », trouve son fondement profond dans un souhait humain aussi ancien que prétentieux, celui de pouvoir prévoir, d'arriver à savoir, dans chaque situation, ce qu'il faut faire aujourd'hui pour obtenir tel effet demain. Sortir de l'inquiétude, sortir du doute, trouver la clef du royaume paisible de la certitude absolue.

Un propos fameux de Laplace, censé être la profession de foi de toute une culture, exprime l'aspiration majeure des prophètes des Lumières : « Une intelligence qui, à un moment déterminé, connaîtrait toutes les forces qui animent la nature, ainsi que la position respective des êtres qui la composent, si en plus elle était suffisamment large comme pour soumettre à analyse ses données, pourrait comprendre dans une seule formule les mouvements des corps les plus grands de l'univers ainsi que ceux de l'atome le plus léger, rien ne lui serait incertain et le futur comme le passé seraient présents a ses yeux [3]. » L'homme devenu messie et prophète de lui-même, capable de maîtriser son devenir et le réel…

Il s'avère, pourtant, que dans leur hâte les théoriciens et idéologues qui cherchaient une phrase *ad hoc* pour illustrer les idéaux déterministes de la modernité ont (naïvement, peut-être) coupé la fin de la phrase de Laplace qui conclut, paradoxalement, en affirmant l'impossibilité d'un tel programme : « L'esprit humain offre, dans la perfection qu'il a su donner à l'astronomie, une faible ébauche de cette intelligence. Ses découvertes en mécanique et en géométrie ainsi que la gravitation universelle ont mis en condition de comprendre dans les mêmes expressions analytiques les états passés et futurs du système du monde. […] Tous ses efforts pour chercher la vérité tendent à le rapprocher de façon continue à l'intelligence que nous venons d'imaginer, mais de laquelle il restera pour toujours infiniment éloigné. »

« Infiniment éloigné »… Pourquoi avoir oublié, systématiquement, de citer cette dernière phrase ? Il est possible, après tout, que la promesse soit plutôt une question concernant les idéologues du scientisme, et non pas les scientifiques ni les pratiques scientifiques… Il est indéniable, en tout cas, que l'irruption de la complexité dans ce paradigme, qui, pendant des siècles, s'est réclamé étanche et tout-puissant, représente un fait majeur, véritable inauguration d'une nouvelle époque. L'énormité de la rupture à laquelle nous faisons référence résulte du fait que l'acceptation de la « complexité » équivaut à affirmer l'impossibilité d'accéder à une connaissance complète, puisqu'il

3. Pierre Simon DE LAPLACE, *Essai philosophique sur les probabilités*, 1814.

y a du non-connaissable et du non-déterminable, non pas en tant qu'erreur, non pas en tant que « territoire noir pas encore dévoilé, pas encore gagné à l'ignorance », mais en tant qu'élément ou facteur structurellement non maîtrisable, non prévisible, non connaissable. Pour le dire avec des mots du sens commun, la complexité implique que les lumières du connaissable, du maîtrisable doivent cohabiter avec leur autre, avec l'ombre du non-connaissable.

Civiliser la nature ?

Avec l'irruption de la complexité, ce qui était vu auparavant comme des erreurs, des failles logiques dans les modèles épistémologiques change ainsi de statut, comme l'a bien vu le journaliste scientifique américain James Gleick : « Tout ce qui jusqu'à ce moment-là a été du "bruit" deviendra dorénavant un champ à part entière de la pensée et de la pratique scientifique et rationnelle [4]. » Deux failles importantes concernant les actions et prévisions des hommes menacent, donc, tout d'un coup, l'idéal du rationalisme classique.

La première tient au fait que, même si nous nous appliquons soigneusement à l'ignorer, chaque acte que nous engageons dans notre présent immédiat entre en synergie avec ce qui relève de la « longue durée ». Cela veut dire que ce que nous faisons n'est pas du tout *causa sui*, mais que chacune de nos actions s'inscrit dans des dimensions qui ne sont pas immédiatement repérables et, bien souvent, pas repérables du tout. Cela implique donc – que nous le sachions ou non – notre appartenance à une longue durée, à une dimension temporelle qui nous précède et nous dépasse largement.

La seconde faille résulte du fait que nous croyons savoir, en règle générale, pourquoi nous faisons ce que nous faisons, et vers où cela nous emmène, alors qu'il n'en est rien – et il est temps que l'on commence à l'accepter. Non pas parce que nous devrions pour quelque raison obscure acquitter humblement une

4. James GLEICK, *La Théorie du chaos. Vers une nouvelle science*, Flammarion, Paris, 1987, p. 65.

sorte d'impôt à l'ignorance, mais parce que chacun de nos actes s'inscrit, dans le meilleur des cas, dans une sorte de « système de forces » dont nous ne pouvons savoir de quel côté émergera la résultante. Comme l'affirme Leibniz, nous arrivons (parfois) à réussir ce que nous voulons, mais nous ne pouvons pas « vouloir » ce que nous voulons…

Voilà donc comment cette irruption de la complexité dans la vie des gens met sérieusement en question l'idéal moderne de maîtrise et d'autonomie de l'individu, du fait de l'existence des « variables cachées » qui en barrent la route.

Les efforts pour regagner cette maîtrise totale et totalisante sont certes nombreux, et souvent pathétiques dans leur volontarisme et leur rigidité. C'est le cas par exemple de Le Corbusier, grand architecte et urbaniste, prêt à mener une véritable croisade contre la sinuosité de nos villes : « La grande ville, phénomène de force en mouvement, est aujourd'hui une catastrophe menaçante, pour n'avoir plus été animée d'un esprit géométrique. […] La circulation exige la droite ; la droite est saine aussi à l'âme de la ville. La courbe est ruineuse, difficile, dangereuse, elle paralyse[5]. » Et il poursuit : « La rue courbe est le chemin des ânes, la rue droite le chemin des hommes. » Persuadé de la pertinence universelle de ses principes, il insiste : « L'attitude orthogonale du plan de béton armé est devenue évidente, dans la pureté et la rectitude[6]. » Et ce n'est pas tout ! La simplification civilisatrice doit se continuer aussi dans un regard sur le terrain « propre » à la civilisation : « Le terrain plat est le terrain idéal. Partout là où la civilisation s'intensifie, le terrain plat fournit les solutions normales. »

Dans cette vision simplificatrice, qui fait écho au « panoptique » de Jeremy Bentham, la nature doit être civilisée, normalisée, par le biais d'une simplification logique, d'une économie régie par la logique linéaire et utilitariste. Les exemples en la matière ne sont pas, loin s'en faut, le monopole de l'urbanisme ou de la politique. En biologie, en médecine, dans les arts et nombre d'autres disciplines, une bonne part de la difficulté à

5. LE CORBUSIER, *Urbanisme*, Flammarion, Paris, 1994, p. 95.
6. *Ibid.*, p. 96.

trouver des solutions aux problèmes qu'affronte aujourd'hui l'humanité est due à cette conception simpliste et simplificatrice, à cette attitude civilisatrice, virile, rationaliste et utilitariste, qui prétend vaincre toutes ces courbes superflues, toutes ces « failles » dans la nature, pour arriver au paradis de la rectitude.

L'idéal utilitariste nous a conduits à construire des villes et des quartiers, à ordonner et formater nos vies, comme s'il s'agissait de dossiers de fonctionnaires. On a voulu « dégraisser » les mécanismes et fonctionnements. Mais, une fois éliminé tout ce qui apparaissait comme inutile à la conscience rationaliste, non seulement l'organisme ne fonctionne pas mieux, mais il en meurt.

La question de la complexité nous oblige à aborder cette dimension ignorée ou refoulée par la culture utilitariste, à savoir que l'essentiel d'une culture, d'une ville ou de n'importe quelle situation est composé d'éléments non immédiats, non représentables. C'est pourquoi l'on dérape dès lors que l'on privilégie dogmatiquement les lignes droites quand on essaie de construire nos villes, nos vies ou nos économies en faisant comme si le monde, l'environnement, les autres et nos propres corps étaient de simples valeurs d'usage. On devrait peut-être arrêter de se moquer des ânes, et se demander si ce n'est pas grâce aux détours qu'ils savent prendre que eux, contrairement à nous, ne dérapent pas dans les abîmes.

La confusion entre l'immédiat et le concret

Quand Heidegger parle de l'« aliénation du souci », il fait référence aux multiples mécanismes à travers lesquels les hommes, même sans cesser de réfléchir, observent, avec l'étonnement et la passivité du spectateur, comment leurs vies sont déviées de leurs propres essences et préoccupations. Aujourd'hui, l'aliénation du souci passe par la saturation quotidienne de toute la puissance, de toute l'énergie humaine, derrière ce qui nous est immédiat. Le monde, la vie sont saturés des choses immédiates et en général « urgentes », et ces choses-là nous barrent le chemin vers ce qui est « concret ».

L'immédiat, cette réalité construite d'un mélange d'images, d'abstraction et de virtualité comptable, apparaît comme une réalité non pas seulement saturée, mais unique et sérieuse – et c'est pourquoi le geste de s'en détourner est considéré, paradoxalement, comme la chute dans l'abstraction et le rêve. Ainsi, en voulant éviter de tomber dans la dénégation du réel, de se séparer du monde et de soi-même, l'homme contemporain tombe dans le piège de prendre pour concret ce qui, bien qu'étant immédiat, relève à peine d'un immédiat virtuel : royaume de l'économique et de la technique, qui le condamne à la plus profonde séparation et impuissance.

La confusion entre l'immédiat et le concret nous empêche toute prise en compte des mécanismes de fonctionnement de la longue durée ainsi que du caractère complexe, multidimensionnel, de chaque situation concrète dans laquelle nous existons. Or, d'un point de vue anthropologique, l'un des éléments centraux d'une civilisation stable est la possibilité pour ses membres de ne pas confondre l'un avec l'autre et, surtout, de ne pas saturer le champ multidimensionnel du concret avec le simple « immédiat ». Par « société stable », nous comprenons simplement une société qui arrive à résoudre plus ou moins les problèmes essentiels concernant sa survie et son évolution.

C'est là que nous devrions comprendre le rôle central qu'occupe la perte de la catégorie déterministe de futur/promesse dans la crise de notre culture. Le futur n'est plus, comme le paradigme moderne le disait, tout à fait calculable. Cependant, cette incertitude, tant idéalisée par les prophètes postmodernes, n'abolit nullement la rationalité. Le déterminisme, comme le dit le mathématicien et philosophe René Thom, n'est pas une donnée, mais une conquête. Nous pouvons ajouter, avec le philosophe Jean Petitot-Cocorda, que la complexité non plus « n'est pas une mode, ni un simple paradigme, mais une authentique conquête scientifique concernant des nombreux aspects fondamentaux de la réalité à propos desquels les sciences classiques ne savaient trop quoi dire [7] ».

Pour bien comprendre cela, il faut admettre que la crise actuelle ne se résume pas à une crise de paradigmes ou de

7. Jean PETITOT-COCORDA, *Le Monde des débats*, décembre 1999.

modèles, qu'elle est beaucoup plus profonde et sérieuse : elle ne déconstruit pas seulement paradigmes et modèles, mais aussi la constellation même à laquelle appartiennent les sujets qui s'en servent pour comprendre le monde et être en relation avec lui. C'est cette culture même qui aujourd'hui est non pas « dépassée », mais, pour utiliser les mots de Karl Popper, « régionalisée » : tout en étant vraie, elle ne l'est pas, pourtant, dans tous les mondes possibles.

Mais le paradigme épistémologique de la modernité ne peut pas être pensé seulement à partir des problèmes liés au déterminisme, à la capacité d'un système ou d'un modèle de prévoir l'avenir à partir des éléments présents. Il faut surtout comprendre que ce qui constituait une sorte de colonne vertébrale, de soubassement idéologique, dans tout travail lié à la connaissance, a été la croyance en la possibilité d'arriver à un savoir à la fois complet et consistant.

L'irruption de la complexité, de la pensée du chaos et de l'incertitude ne peut donc pas être comprise seulement à partir de ses conséquences épistémologiques, à savoir la rupture qu'elle représente avec l'élément central du mythe du savoir progressif et totalisant : dorénavant, nous aurons à faire avec une épistémologie qui ne pourra plus être pensée séparément de l'ontologie. Puisque le monde n'est pas un « déjà là » à dévoiler par des techniques et des savoirs, il est à comprendre dans les termes utilisés par Deleuze : « On ne réduit pas l'expression à une simple explication de l'entendement sans tomber dans un contresens historique. Car expliquer, loin de designer l'opération d'un entendement qui reste extérieur à la chose, désigne d'abord le développement de la chose elle-même et dans la vie [8]. »

Les « symptômes » de ce qu'aujourd'hui nous pensons et étudions comme faisant partie de cette nouvelle épistémologie ontologique étaient, bien entendu, repérés et repérables depuis toujours. Nous sommes loin de nous prendre, comme certains « adorateurs de l'incertitude » aiment à le faire, pour les premiers à s'être rendu compte qu'une logique et des modèles linéaires ne pouvaient figurer indéfiniment le fonctionnement du réel, des systèmes et des mécanismes de la vie et du monde. Mais

---

8. Gilles Deleuze, *Spinoza et le problème de l'expression*, *op. cit.*, p. 37.

nous sommes, en tout cas, avec ceux qui, ayant dû rompre avec l'illusion de pouvoir domestiquer ou refouler ce « bruit » dans les systèmes et modèles, tentent d'opérer la « réconciliation » entre le travail scientifique et ce que les poètes savent depuis toujours.

Ainsi Rainer Maria Rilke : « Les choses ne sont pas toutes aussi saisissables et dicibles qu'on voudrait le plus souvent nous le faire croire ; la plupart des événements sont indicibles, ils s'accomplissent dans un espace qu'aucun mot, jamais, n'a pénétré, et plus indicibles que tout sont les œuvres d'art, existences mystérieuses dont la vie à côté de la nôtre, qui passe, perdure [9]. »

Les poètes, comme les philosophes néoplatoniciens, avaient compris cela depuis la nuit du temps. L'heure est arrivée, on l'espère, pour la pensée scientifique et rationnelle d'essayer de le comprendre à son tour, sans toutefois renoncer en rien à son exigence de rigueur rationnelle. La connaissance, pour les néoplatoniciens, n'a pas comme objectif de faire naître un autre homme, une autre réalité, elle a au contraire comme fondement la nostalgie de l'étant, son regret de l'unité perdue. Damascius, philosophe grec du VIe siècle après J.-C., explique qu'elle veut réparer, guérir, c'est-à-dire détruire l'effet de la procession : « C'est par la connaissance que la pensée se console de s'être éloignée de l'étant. Mais la distance n'est pas abolie, c'est de loin qu'il faut jouir de celui dont elle s'est séparée [10]. »

La complexité ne signifie donc pas que la voie de construction des savoirs soit barrée, interdite. Mais qu'elle n'est pas « progressive », si par progrès on entend un chemin qui, tout en précédant l'action de la connaissance, suppose la préexistence d'un monde à découvrir progressivement, de façon cumulative. Ce qui se donne à connaître, ce qui émerge relève au contraire de structurations et de niveaux d'ordre et de fonctionnement différents et variés, mais qui ne déterminent en aucun cas un « ordre » à découvrir.

---

9. Rainer Maria RILKE, *Lettres a un jeune poète*, L'École des loisirs, Paris, 1992, p. 13.

10. DAMASCIUS, *Des premiers principes*, Verdier, Lagrasse, 1987, p. 378.

Spinoza définit l'ordre comme une « facilité », celle d'imaginer que les choses ont un ordre en soi que nous aimons soupçonner. En revanche, la pensée qui assume la complexité est celle qui, d'emblée, nous pousse à nous interroger sur la nature du mécanisme même de la connaissance, par-delà le seul sujet de la connaissance.

3

La fin de la perception

Une des questions centrales de notre culture tourne autour de la problématique kantienne : comment l'homme, en tant que sujet, intériorité, parvient-il à être informé du monde qui l'entoure ? Cette problématique se fonde sur le présupposé non questionné dans plusieurs courants de la philosophie occidentale, selon lequel les hommes, séparés à jamais du reste de l'étendue, doivent s'efforcer d'arriver à connaître le monde « en soi », cet environnement qu'on serait censé pouvoir dévoiler derrière les catégories et modèles épistémologiques classiques. Or, quand nous procédons à une sorte de « pas de côté », à un changement de perspective, cette problématique profonde et apparemment aporétique cesse précisément d'exister en tant que telle. Pour le comprendre, il est utile d'examiner d'un peu plus près ce qui concerne les mécanismes mêmes de la perception.

La connaissance, « coémergence » de l'intelligence et du monde

La critique du modèle kantien d'un sujet de la perception séparé du « monde perçu », donc objet, doit suivre au moins deux voies parallèles. D'une part, la critique du modèle classique de la perception qu'apporte la neurophysiologie actuelle, puisqu'elle démontre l'existence des voies de compréhension des mécanismes de production de connaissance qui ne font pas appel à la catégorie de perception, et moins encore à celle d'un sujet de la perception par rapport à un monde (objet) perçu. D'autre part, il est également important de revisiter certains textes philosophiques qui, des néoplatoniciens à Spinoza, Leibniz, etc., ont aussi pensé et expliqué les mécanismes de connaissance sans faire appel aux catégories de la perception, ou, du moins, pas comme nous avons l'habitude de le faire.

Ainsi pourrions-nous commencer en citant Spinoza qui, dans la définition 1 de la partie II de l'*Éthique* (« De la nature »), écrit : « Je dis concept plutôt que perception, parce que le mot de perception semble indiquer que l'esprit reçoit de l'objet une impression passive, et que celui de concept, au contraire, paraît exprimer l'action de l'esprit [1]. » « Concept » veut dire ici production de connaissance, production active qui s'accomplit non pas par influence d'un extérieur sur un intérieur, mais par émergence d'un niveau de compréhension qui ne peut plus se penser dans la constellation « action extérieure/empreinte intérieure ». L'étendue existe, indifférente aux séparations que nous projetons sur elle, ainsi que l'exprime bien le géographe et orientaliste Augustin Berque : « Les mots ne sont qu'un instrument qui tend à nous faire saisir comme des substances discrètes les flux de la relativité des choses [2]. » Nos parties extensives ne sont ainsi, en elles-mêmes, pas délimitables du reste de l'étendue ; et la connaissance, elle, est à comprendre comme étant la « co-émergence » de l'intelligence et du monde.

Nous partons donc de l'hypothèse que la connaissance n'est pas le simple dévoilement d'une vérité préétablie, mais la genèse effective d'un savoir qui ne préexiste nullement à sa construction. Nous ne concevons pas, par conséquent, la production de connaissance comme étant le produit d'un processus de perception. Il ne s'agit pas ici du débat habituel entre les sceptiques, qui doutent des connaissances issues de la perception, et les réalistes, car les uns et les autres sont étonnamment d'accord sur un point

1. Baruch SPINOZA, *Éthique*, Flammarion, Paris, 1965, p. 134.

2. Augustin BERQUE, *Écoumène. Introduction à l'étude des milieux humains*, Belin, Paris, 2000, p. 49.

central : il existe bel et bien « quelque chose » (monde réel, chose en soi, etc.) sur quoi l'on peut affirmer ou nier des énoncés et émettre des hypothèses. Nous suivrons, au contraire, les hypothèses de la recherche en neurophysiologie, comme celles explorées par le grand biologiste chilien Francisco Varela (1946-2001), philosophe et spécialiste des sciences cognitives, pour qui « la notion selon laquelle le monde est une source d'information externe disparaît purement et simplement. Les mécanismes considérés comme perceptifs n'ont pas comme véritable fonction l'interprétation des messages sensoriels ; ils sont, au contraire, contraints par l'action, ils opèrent [...] plutôt par jugement et prise de décision, en cherchant en permanence à anticiper les conséquences de l'action [3] ».

Pour designer l'émergence dans le cerveau d'images qui dépendent d'abord des capacités du cerveau, Varela a créé le concept d'« enaction ». Par enaction, il faut comprendre l'émergence d'une résultante dont les vecteurs sont la neurophysiologie du cerveau, la culture dans laquelle le sujet s'inscrit et l'ensemble du soubassement qui constitue l'environnement auquel le sujet participe en tant que mode et singularité. Cette résultante n'est pas à penser comme une « réponse » du système ou de l'organisme aux stimuli de l'environnement – la « réponse », nous le verrons plus loin, ne relève pas de l'émergence, mais des fonctionnements en *feedback*.

En tant que résultante, l'enaction peut s'agencer de façon plus ou moins heureuse avec l'environnement, mais elle n'est dans aucun cas une réponse directe à celui-ci. Les éléments neurophysiologiques qui entrent en ligne de compte dans la construction de l'image enactée sont directement liés au corps et aux actions du corps. Aujourd'hui, grâce aux techniques d'imagerie médicale, nous pouvons même constater que quand un cerveau évoque l'image de quelque chose, et sans qu'aucune action accompagne cette évocation, les réseaux neuronaux qui s'engagent pour la rendre possible sont exactement les mêmes que lors de l'action. Il n'y a donc pas de mécanisme de perception « passif » – et même pour pouvoir articuler la pensée, il faut au

3. Francisco VARELA, *Invitation aux sciences cognitives*, Seuil, coll. « Points Science », Paris, 1988, p. 5.

moins une simulation neuronale intéressant les mêmes réseaux que ceux qui fonctionnent dans l'action.

Comme l'affirme le neurophysiologiste et psychologue Alain Berthoz, « un être immobile n'aurait jamais pu acquérir la notion d'espace puisque, ne pouvant pas corriger par ses mouvements les effets des changements des objets extérieurs, il n'aurait eu aucune raison de les distinguer des changements d'état. La vue et le toucher ne pourraient pas nous donner le sens de l'espace sans le sens musculaire [4] ». On retrouve ici l'embryon d'une véritable théorie projective de la perception : l'image, plutôt que d'être perçue, est projetée dans l'espace par le cerveau. Faust l'avait déjà dit : « Au début était l'action… »

De nombreuses recherches en neurophysiologie montrent à quel point ce sont les données sensorielles qui nous portent à croire que le monde nous fournit des informations objectives, alors que celles-ci sont traitées à l'intérieur du cerveau. Pour Varela, la possibilité de l'émergence d'images et de connaissances ne dépend pas d'un mécanisme extérieur/intérieur, mais des invariances propres au fonctionnement d'un organisme relativement autonome : ainsi, les images qui émergent dans le cerveau dépendent fondamentalement des qualités intrinsèques du cerveau lui-même. Prenons un exemple simple : l'espèce humaine construit les couleurs à partir des longueurs d'onde de la lumière ; si une certaine longueur d'onde produit « normalement » la couleur verte, le sujet qui voit du bleu à la place du vert ne le fait pas par une quelconque intention « subjective ». Au contraire, on peut déterminer avec une certaine précision la modification physique, la « pathologie » du cerveau à l'origine de cette différence. Le vert ou le bleu ne sont donc pas une qualité intrinsèque de la lumière reçue, ils dépendent strictement des conditions internes du cerveau.

La perception est une décision

Dans *Des premiers principes*, Damascius dit : « La connaissance du connaissable est dans le connaissant, elle n'est pas dans

4. Alain BERTHOZ, *Le Sens du mouvement*, Odile Jacob, Paris, 2003, p. 45.

le connu. » Pour Damascius, tout en cherchant la chose, la connaissance rencontre l'« éclat » de la chose. Mais pour le sage néoplatonicien, si l'on ne connaît de la chose que son éclat, ce n'est pas parce que la chose en soi nous serait barrée ou interdite. Au contraire, il n'y a chose que par cet éclat qui est procession et devenir, appel et exigence, à la fois conversion et pensée de la chose. Hormis la mélancolie propre à l'exil, il n'y reste que l'ineffable, ce qui tout en évoquant l'un n'unifie pas le multiple, mais le fait exister. Il n'y a pas de niveau sous-jacent, mais émergence de niveaux d'existence dans chaque situation, dans chaque multiple. Ce véritable changement de perspective dans l'étude de la perception comme comportement qui émerge et non pas comme capacité à recueillir de l'information se fonde sur les invariances propres au fonctionnement du système nerveux.

Varela explique que « la perception sensorielle a été à la base de l'argumentation tant des réalistes primaires et des empiristes naïfs depuis des siècles que des sceptiques impénitents tels que Sextus Empiricus ». Et il poursuit : « Notre thèse fondamentale peut s'énoncer de la façon suivante : la perception sensorielle ne peut pas être comprise comme un processus n'ayant que des entrées. La perception et l'action ne peuvent pas être séparées, parce que la perception exprime la clôture du système nerveux[5]. » En termes plus positifs, percevoir équivaut à construire des invariances par un couplage sensori-moteur qui permet à l'organisme de survivre dans son environnement. Cette « clôture » du système nerveux permet justement que ce qui provient de l'extérieur du système comme du « bruit » devienne objet construit, émergent à partir des capacités propres au système.

Ainsi, quand je m'extasie devant le dessin formé par un groupe de nuages derrière ces montagnes du sud de la France, je peux imaginer que le chien qui m'accompagne perçoit à peu près les mêmes formes, mais je peux aussi être absolument certain que pour la mouche qui a décidé de nous rejoindre, une telle perception est tout à fait impossible. Ce qui pour moi existe comme des montagnes, nuages, etc. n'émerge en aucun cas de la sorte pour le système nerveux de la mouche.

---

5. Francisco VARELA, *Autonomie et connaissance*, Seuil, Paris, 1980, p. 154.

Une plaisanterie typique en neurophysiologie de la perception consiste à se demander quel récit l'on pourrait faire si, par exemple, on passait beaucoup de temps à regarder avec une loupe très puissante la patte d'un éléphant, sans jamais s'éloigner. On dira qu'il s'agit là simplement d'une question de perspective, à ceci près que chaque système nerveux agit comme si l'être qui le possède ne pouvait pas « s'éloigner » de l'éléphant. Ainsi, ce qui nous apparaît dans une image interne dépend de nos capacités, des qualités de notre système nerveux central, de nos mouvements, de nos capacités concrètes d'action.

Alain Berthoz l'explique très clairement : « Je voudrais avancer l'idée que la perception est en fait non seulement une action simulée mais aussi et essentiellement une décision. Percevoir, ce n'est pas seulement combiner, pondérer, c'est sélectionner. C'est choisir, dans la masse d'informations disponibles, celles qui sont pertinentes par rapport à l'action envisagée[6]. » Cette possibilité de sélectionner les informations à partir du bruit dépend donc non pas du volume de la masse d'information, mais avant tout des capacités du système à faire émerger telle ou telle image intérieure, telle ou telle « enaction ». Une fois produite l'image en question, le système nerveux la projette sur un « supposé » espace extérieur ; ce processus nous fait penser, à tort, que le mécanisme de perception a donné lieu à la création de l'empreinte d'un extérieur objectif sur un intérieur passif et réceptif. On peut ainsi comprendre que, pour ainsi dire, ce sont les gens, et non leurs yeux, qui voient. Les caméras et les yeux sont aveugles. Ce ne sont pas les yeux, mais le cerveau comme totalité qui voit.

Varela utilise un exemple assez fort pour nous éclairer sur la manière de fonctionner d'un mécanisme autonome, c'est-à-dire d'une singularité : « Prenez par exemple ce qui se passe au cours d'un vol aux instruments : le pilote ne voit pas le monde extérieur ; il se contente de modifier les commandes de l'avion en fonction des indications du tableau de bord. Cependant, lorsque le pilote descend de l'avion, sa femme et ses amis l'embrassent avec joie et lui disent : "Quel bel atterrissage vous avez fait ! Nous étions si inquiets en raison du brouillard." Et le pilote,

---

6. Alain Berthoz, *La Décision*, Odile Jacob, Paris, 2003, p. 10.

étonné, de répondre : “Que voulez-vous dire ? Je n’ai ni volé ni atterri ; j’ai simplement manipulé certaines relations internes de l’avion afin d’obtenir une séquence particulière d’indications sur un ensemble d’instruments.” Tout ce qui a eu lieu à l’intérieur de l’avion était déterminé par la structure de l’avion, et le pilote ne faisait que compenser les perturbations en transformant les états dynamiques de l’avion, indépendamment de la nature de l’environnement qui produisait les perturbations. Cependant, du point de vue de l’observateur extérieur, la dynamique interne de l’avion est adéquate à celle de l’environnement. Sans quoi l’avion ne vole pas, même si sa dynamique des états internes est impossible à distinguer de celle qu’on observe au cours du vol [7]. »

Nous sommes là dans les mécanismes et fonctionnements de pensée que Joëlle Proust appelle « pensée immergée ». Il ne suffit pas de « savoir qu’on vole » : il faut aussi que des instances et mécanismes immergés (opérationnels) soient efficaces. D’une part, la conscience nous informe qu’on vole ; d’autre part, des mécanismes immergés nous permettent de voler. Ce sont ces mécanismes qui ordonnent la vie de l’organisme et qui ne dépendent pas du rapport direct avec l’extérieur, mais des interactions du cerveau lui-même, qu’Alain Berthoz évoque de la façon suivante : « Alors qu’on imaginait autrefois le cerveau recevoir les informations sensorielles, les transformer et répondre sous forme d’action, on a ainsi découvert qu’il est en fait composé d’une multitude de boucles qu’Edelman a appelées “réentrantes”, siège d’activités neuronales permanentes et qui peuvent fonctionner sans être en rapport avec le monde extérieur. Le rêve est un exemple de ce fonctionnement autonome du cerveau rendu possible par ces boucles internes [8]. »

Les « idées adéquates » de Spinoza

Ce que nous appelons les mécanismes conscients – lesquels se réduisent, en général, à une tardive et très partielle conscience

7. Francisco VARELA, *Autonomie et connaissance*, *op. cit.*, p. 157.
8. Alain BERTHOZ, *La Décision*, *op. cit.*, p. 86.

après coup de notre mécanisme d'enaction – trompent énormément la compréhension des phénomènes qui nous occupent, car la conscience est une véritable machine à accepter et faire accepter des illusions. À partir du moment où nous commençons à croire en elle, la conscience – cette partie de notre système nerveux qui n'est, de surcroît, que petite et marginale – se met à agir comme si elle était la « totalité », seule ayant droit à contrôler l'ensemble. Néanmoins, malgré ce que notre conscience voudrait nous faire croire, nous ne nous promenons pas dans la vie comme des individus sensibles qui reçoivent des informations et qui réfléchissent à partir d'elles pour ensuite prendre les décisions adéquates.

Les dimensions mêmes de l'espace, telles que nous croyons les percevoir, dépendent, elles aussi, des invariances de notre propre système nerveux et de notre propre constitution physique. Nous « pensons » à partir de – et par – notre corps. Non seulement nous ne pouvons pas penser notre être, notre existence et notre pensée comme détachés du monde, détachés de l'étendue, mais, bien au contraire, c'est en vertu des caractéristiques de notre être physique concret au monde que nous pouvons constater que quelque chose dont nous faisons partie, existe.

Nous n'existons pas dans un espace et un temps objectifs, dans un dehors de « nous ». Plus encore, l'espace et le temps eux-mêmes dépendent de la singularité des systèmes qui existent concrètement. C'est pourquoi ma perception de ces montagnes relève, avant toute autre chose, des invariants qui me constituent. Comme l'explique bien Joëlle Proust, les dimensions dans lesquelles je crois les percevoir parlent plus de mon système physiologique, de mon anatomie, que d'un espace extérieur[9]. Pour la même raison, on ne peut pas dire que la mouche qui ne perçoit jamais la montagne serait, de ce fait, « privée » d'une perception. Il faut bien se garder de toute conclusion dans le sens d'une apologie de la subjectivité, car les « enactions » dont on vient de parler ne sont en rien « subjectives » ou « libres », ni le fruit d'une création quelconque : elles existent

9. Joëlle PROUST, *Comment l'esprit vient aux bêtes*, *op. cit.*

dans des fonctionnements parfaitement déterministes et objectifs.

En continuant ce chemin de pensée, nous sommes en train de forcer un passage, de nous introduire par une sorte de fissure au-delà de ce qui apparaît au sens commun comme évident, comme l'« immédiat », pour aller vers le concret et le complexe. Ce changement de perspective n'est en rien nouveau, et c'est à cela que faisait référence Goethe : « L'entendement ne peut penser réuni ce que la sensibilité lui propose séparé, et ainsi le conflit entre ce que nous saisissons et notre création idéale subsiste sans être résolu [10]. » Autrement dit, on ne peut pas continuer à se représenter le phénomène de la perception comme s'il s'agissait d'un face à face entre deux existants dont l'un serait la réalité humaine et l'autre le monde.

Heidegger évoque la même idée : « Le monde comme totalité est non pas un existant, mais cela même d'où la réalité humaine se fait annoncer avec quel existant elle peut avoir des rapports et comment elle le peut [11]. » Par cette voie, le monde ne relève pas d'un objet extérieur à la réalité humaine par rapport auquel on se pose des questions, et on essaie de savoir si la possibilité existe de l'atteindre, d'avoir quelque nouvelle à son sujet. Le monde, tel que nous l'entendons ici, est le nom de cette réalité multiple émergente enactée par la propre expérience humaine.

Qu'un monde émerge, soit enacté ne présuppose donc pas l'existence d'une humanité qui le perçoit. Bien au contraire, c'est parce qu'un monde multiple peut émerger que la réalité, le phénomène humain comme réalité commence à exister, advient à l'existence. Il devient inévitable, ici, d'évoquer le passage de l'*Éthique* de Spinoza, où il présente les « idées adéquates ». Avoir des « idées adéquates », explique Spinoza, ne signifie pas avoir une bonne représentation d'un objet extérieur. Une idée n'est pas adéquate parce qu'elle « représente » bien le monde, mais parce qu'elle est (plus ou moins) adéquate en pure intériorité, par rapport à ses conditions de production et non pas par rapport à autre chose qu'elle-même. Comme corollaire, et non pas comme condition centrale, une idée adéquate nous permettra, à la

---

10. Johann Wolfgang VON GOETHE, *La Métamorphoses des plantes*, 1790.
11. Martin HEIDEGGER, *Questions*, Gallimard, Paris, 1965, p. 132.

fois, de faire plus de choses, d'être plus actifs, moins passifs. Plus nous avons d'idées adéquates, moins nous sommes dans le pâtir et plus dans l'agir. Inversement, plus une idée est soumise à l'extérieur, plus elle pâtit, moins elle est puissante.

On l'a dit, ce raisonnement ne peut s'imposer qu'après avoir renoncé au subjectivisme narcissique propre à notre époque, dans laquelle chaque individu se vit et s'imagine comme une sorte de personnage central dans une histoire personnelle où les autres, l'environnement et le tout ne sont qu'un décor, série de « figurants » aux petits rôles secondaires. Si l'on admet que le monde n'est pas un existant « extérieur », mais est, au contraire, enacté en pure intériorité, ce qui émerge dans chaque intérieur existe d'emblée comme quelque chose de « commun » dont le lien n'est pas à chercher ni à trouver : le lien est en soi et pour soi, ce que chacun de nous perçoit comme sa singularité, son existence même n'émergeant que dans un deuxième temps, une fois que l'entité que nous sommes accède à l'émergence commune que nous nommerons ensuite « monde », « environnement », « autres ».

La nature, « maladie de notre pensée »

Dans cette émergence d'un monde, le « moi », notre propre soi, existe d'emblée, comme un autre parmi les autres, non seulement parmi les autres humains, mais aussi comme élément de la multiplicité – qui est, ontologiquement, chaque situation à laquelle nous appartenons. Là où nous croyons voir un tout, nous n'avons que la version partielle de ce que notre conscience perçoit. Chaque singularité peut ainsi être pensée sous la forme d'une monade.

Déjà Leibniz, à la suite de Proclus, considérait que, dans chaque monade, les changements naturels répondent à un principe interne. Chaque singularité exprime ainsi une « totalité », non pas quantitativement mais selon un point de vue singulier qui ne serait que sa façon particulière d'exprimer ce qu'on appelle l'« universel concret ». Cet universel qui existe en chaque singularité, en chaque monade, reflète une petite portion du monde de façon bien distincte et l'ensemble de celui-ci sous une forme confuse.

Cependant, rien ne nous autorise à penser que, projetés dans la virtualité d'un espace extérieur, ces universels concrets composeraient un universel complet, une sorte de puzzle contenant l'ensemble de l'existant. Enveloppant, l'universel est toujours défaillant, incomplet, abstrait et virtuel. Pessoa l'a dit peut-être mieux que personne :

> « Je vis qu'il n'y a pas de nature,
> que la nature n'existe pas
> qu'il y a des monts, des vallées, des plaines
> qu'il y a des arbres, des fleurs, des herbes,
> qu'il y a des fleuves et des pierres,
> mais qu'il n'y a pas un tout dont cela fasse partie,
> qu'un ensemble véritable
> n'est qu'une maladie de notre pensée.
> La nature est faite des parties sans un tout.
> Peut-être est-ce le fameux mystère dont on parle [12]. »

La nature dont le poète parle est un tout qui n'existe que dans chacune de ses expressions, dans chacune de ses parties. Il n'y a pas en dehors des parties multiples une nature qui totaliserait tous les multiples, sans être elle, à son tour, un multiple parmi les multiples. La vie même, nous l'avons déjà dit, est tout entière dans chaque être vivant, sans que nous puissions, en aucun cas, trouver la « vie totale » en dehors de ses modes d'expression là où elle est, justement, tout ou rien.

Ce qui singularise un sujet, cette portion du monde que chacun d'entre nous exprime distinctement, n'est nullement une coupure qui nous éloigne du monde. Et ce que chacun de nous exprime clairement et distinctement dépend de nos capacités et nos dispositions corporelles, de notre corps non pas en tant que continent noir, en tant que matière que l'esprit doit dompter, mais en tant que support à travers lequel quelque chose d'un monde peut émerger en nous.

Ainsi le corps, chaque corps, est à comprendre comme un point de vue, une singularité. En inversant encore les termes de la

12. Fernando Pessoa, *Le Gardeur de troupeaux*, Gallimard, Paris, 1987.

pensée subjectiviste, nous dirons que ce n'est donc pas le point de vue qui dépend du sujet, mais que ce sont et le sujet et sa subjectivité qui dépendent étroitement du point de vue. Ce point de vue objectif et matériel existe avant toute subjectivité, avant tout sujet. Il n'y a pas un en-soi existant en dehors du point de vue, de chaque point de vue ; le monde, à son tour, n'existe pas non plus en dehors des différents et multiples points de vue qui l'expriment.

Comme le dit Goethe, « il n'y a rien à chercher derrière les phénomènes ; ils sont eux-mêmes la doctrine ». Ou encore Hegel : « Derrière le rideau, il n'y a rien à voir. » Pour Petitot, « il n'y a pas à chercher une explication objective aux phénomènes à partir d'une inaccessible réalité ontologique sous-jacente. On doit définir l'objectivité comme l'ordre de légalité *sui generis* des phénomènes eux-mêmes. Ainsi définie comme légalité, l'objectivité se distingue de toute ontologie [13] » – nous dirons de toute métaphysique. Et l'auteur conclut : « Voilà la redécouverte. »

Ainsi, les phénomènes existent parce que des organismes sont situés. Pour Varela, « être situé signifie qu'une entité cognitive a pour définition une perspective. Cela signifie qu'elle n'établit pas une relation "objective" avec l'environnement, indépendamment de sa place dans le système, de sa direction et de ses attitudes, ainsi que de son histoire [14]. »

Dès lors, nous proposons de laisser derrière nous la préoccupation sur la fiabilité de nos représentations, puisque ces représentations, issues de la perception, sont à comprendre comme un processus après coup, dans l'interrelation entre notre corps et les autres parties extensives. La plus grande part de ces perceptions n'advient jamais à la conscience, ni même à des mécanismes corticaux de représentation. Ce qui veut dire qu'il n'y a pas vraiment de problématique autour de la représentation et la chose, mais que la représentation est, au mieux, une dimension, une partie de la chose, de l'objet émergent.

---

13. Jean PETITOT-COCORDA, *La Philosophie transcendantale et le problème de l'objectivité*, Osiris, Paris, 1991, p. 65.

14. Francisco VARELA, *Etica y acci¢n*, Granica, Santiago du Chili, 1996, p. 59.

La question vraiment clé, du point de vue philosophique, concerne plutôt ce que nous appelons l'angle mort, c'est-à-dire toute cette série de mécanismes et déterminations qui, en orientant notre vie, ne sont en aucun cas réductibles à aucune instance individuelle. L'angle mort est une sorte de non-connaissance – qui n'est pas du tout une ignorance –, que notre culture a du mal à accepter. L'approche épistémologique, pourtant, nous invite à aborder précisément cette non-connaissance en tant que frontière structurelle fertile et permanente, frontière non pas de la connaissance, mais de l'être.

4

Émergence et cause

La question épistémologique qu'on pourrait qualifier de « question de base » peut se résumer à ceci : « Est-ce que les mêmes causes produisent toujours les mêmes effets ? » Il est très compréhensible que cette préoccupation soit récurrente, car c'est de sa réponse que dépend le rapport concret que nous pouvons établir avec l'environnement et avec nous-mêmes.

Comprendre, ce n'est pas prévoir

L'épistémologie classique a fait de grands efforts pour garder, au cœur de son dispositif, l'hypothèse selon laquelle les mêmes causes produisent toujours les mêmes effets... sauf, bien évidemment, dans certains cas d'accident, quand quelque chose vient faire dysfonctionner le dispositif. Comme dans l'exemple de Galilée et de la tour de Pise, où, d'après une formule « impeccable », une pierre devait tomber à la même vitesse qu'une plume. Dans ce cas, ce fut la résistance de l'air qui a constitué, pour ainsi dire, le « bruit » qui a dérangé le bon déroulement de l'expérience.

Depuis quelques décennies, pourtant, nous assistons à une véritable mode de l'incertitude, comme si l'on ne pouvait plus penser, sérieusement, qu'aux mêmes causes correspondent les mêmes effets. Sur le terrain de l'économie, par exemple, nous assistons tous les jours à la comédie (tragique, en vérité) dans laquelle un dirigeant, en appliquant les « mêmes causes », n'obtient pas toujours (loin s'en faut) les mêmes effets. Et en physique quantique ou dans les sciences dites « humaines », on voit remise en cause la croyance en une logique linéaire, propre aux systèmes à dominante fermée, dans lesquels il est possible, sans problème majeur, de continuer à penser dans des modèles épistémologiques « cause/effet », tout en qualifiant de « bruit » dans le modèle les cas où l'on n'obtient pas l'effet escompté.

Parallèlement, nous constatons aussi une tendance superficielle et débridée à parler tous azimuts d'« émergence » – de choses qui émergeraient d'autres choses, dont nous ne pouvons rien savoir. Celui qui voudrait savoir ne serait qu'un rétrograde, quelqu'un se refusant à accepter la nouvelle épistémologie. Or nous sommes là dans une logique réellement complexe, qui ne se laisse pas enfermer dans la dichotomie entre ceux qui « croient » (puisque de croyance il s'agit) que les mêmes causes ont les mêmes effets et ceux qui n'y croient pas.

La question serait ici plutôt de penser ce que nous entendons par cause. Car « cause » n'est pas un terme univoque et qu'on peut penser en termes d'identité logique du type « A = A ». Non pas parce que les causes changent, mais parce que tout système de causes, par définition, nous installe immédiatement dans une série infinie. Il y aura toujours un cran en plus, une cause de la cause… et ainsi à l'infini. Donc, si la cause n'est pas « égale à elle-même », c'est parce que, entre les deux termes de la relation dont elle fait partie, il y a l'infini.

Dans un système à dominante fermée, cet infini, nous pouvons le mettre entre parenthèses et continuer à travailler comme s'il s'agissait là d'une égalité parfaite. En revanche, dans des systèmes complexes, à dominante ouverte, des variations infimes, en provenance d'une infinité de vecteurs, participent à un moment ou à un autre à l'émergence d'un ordre, d'une qualité ou d'un fonctionnement qui n'existaient pas du tout dans le soubassement antérieur.

Il ne faut pourtant pas prendre l'image de la fermeture dans un sens trop étroit. Prenons, par exemple, un ensemble de robots programmés pour accomplir individuellement une tâche simple, du type ramassage de bâtons. Au bout d'un moment, par simple itération de cette tâche, il est possible que les robots arrivent à « s'organiser » dans de véritables comportements qui, pour un observateur extérieur, seront de « coopération », ou de division du travail. Le caractère « ouvert », ici, a plutôt à voir avec l'impossibilité de déduire, à partir des éléments de départ, le comportement futur et, plus encore, avec l'apparition d'un nouveau comportement qui n'existait pas dans les éléments simples du départ. Le caractère ouvert n'est pas extensif, mais intensif pour le système.

Nous pouvons, par exemple, décompter le nombre d'éléments présents au départ de l'expérience et constater que la dominante ouverte du système provient de l'incapacité structurelle à prévoir l'émergence. Et cela non parce qu'en répétant l'expérience nous ne pourrions même pas acquérir un savoir ne serait-ce que probabiliste, mais parce que réellement, et non subjectivement, ces éléments présents au moment initial ne contiennent rien qui pourrait permettre de prévoir. Nous y reviendrons à propos de l'article fondateur de la théorie du chaos déterministe, où le physicien Edward Lorenz établit, de façon entièrement logique et en toute rationalité scientifique, les termes de cette incapacité structurelle à prévoir.

Nous parlerons dès lors d'émergence là où, dans un système, l'effet est contemporain de ce qui, comme dans une résultante en physique, agit comme cause. Cela ne veut nullement dire que les systèmes concernés dans la théorie de l'émergence seraient dans un au-delà du déterminisme : nous ne croyons pas aux systèmes « magiques », ni aux systèmes sans lois. Il ne s'agit pas non plus de s'interroger sur la possibilité éventuelle de connaître toutes les variables du système pour pouvoir rétablir un modèle linéaire « cause/effet », car nous savons qu'on peut accepter l'impossibilité de connaître toutes les données d'un système sans pour autant renoncer à la rationalité. Il s'agit là, tout simplement, de ce que pointe le principe d'incertitude d'Heisenberg, ou le théorème d'incomplétude de Gödel. Ainsi, la théorie de l'émergence ne doit pas être considérée comme une théorie provisoire, en attendant d'avoir le modèle « complet et consistant » qui nous permettrait de rétablir sur son trône la logique formelle.

En fait, parfois, aux mêmes causes correspondent les mêmes effets, et parfois... pas. Dans des systèmes à prédominante ouverte, c'est-à-dire dans des ensembles complexes où il nous est possible d'affirmer qu'on n'aura pas une information à la fois complète et consistante, nous constatons que, à partir des mouvements chaotiques ou de l'itération d'un même comportement simple, nous arrivons à l'émergence d'un nouveau fonctionnement du système, effet structurel contemporain aux causes, sans pour autant sortir des modèles épistémologiques qui se servent de théories déterministes. Comprendre, ce n'est pas prévoir.

L'être et son devenir

Un jour, en discutant avec un ami sociologue des travaux de Françoise Balibar sur la physique quantique et de ses conséquences dans notre conception du réel et de la matière, le sociologue, pris certainement d'une inspiration soudaine, cogna très fortement son poing sur la table, en me regardant fixement, et me dit : « Et ça, Miguel ? Ça résiste, ça, c'est la matière... » Mais ce qu'il y avait à constater là était, pour moi, bien différent que pour le sociologue positiviste. En effet, mon ami, en bon fils spirituel d'Auguste Comte, brandissait son poing rougi – quand même un peu enflé – comme preuve indiscutable de la résistance que la table avait su (courageusement) opposer à son poing, démontrant ainsi, définitivement, qu'au-delà de toute spéculation théorique il existe bel et bien un substrat, un soubassement ontologique, qui s'appelle la matière et qui représente la vérité ultime de toute existence.

Or, la seule – petite, mais fatale – faille dans sa « démonstration » résidait dans le fait qu'en même temps que la douloureuse rencontre de son poing avec la table vérifiait, certes, la loi de la physique classique sur l'impénétrabilité des corps, pour des particules quantiques, pour des flux d'énergie, il n'y avait jamais eu là ni table, ni sociologue, ni poing. Plus flagrant encore, ce que depuis notre dimension du réel et notre temporalité – c'est-à-dire depuis la macrophysique – nous avions appelé « ce moment-là » n'avait aucune existence « objective » pour d'autres dimensions du réel – dimensions pourtant aussi nobles mais qui se déroulent dans des temporalités différentes de celle dans laquelle notre perception et notre corps existent.

Voilà le problème, très courant, posé par ce qui nous semble, parce qu'immédiat, être si « concret » : c'est que souvent nous sommes amenés à ignorer les autres dimensions, celles qui ne sont pas « immédiatement » perceptibles par les mécanismes cérébraux et corporels qui nous composent. Il s'agit des dimensions d'existence qui, tout simplement, ne nous sont pas accessibles sans des médiations techniques, de réflexion, d'éducation, etc., mais qui pourtant ne préexistent pas à l'instant même de la médiation. Dit d'une autre façon, le fait qu'un niveau d'existence/émergence soit réel ne doit pas renvoyer à un « en soi » à découvrir, mais à la capacité pour des organismes de construire, avec l'environnement et éventuellement avec des techniques, des agencements et des articulations qui définissent un « monde » multiple et consistant pour et par ses habitants – mais seulement par et pour eux.

D'un point de vue épistémologique, nous entendons par « émergence » le processus à partir duquel des agents simples, avec des propriétés élémentaires, peuvent s'intégrer – y compris de façon hasardeuse – pour donner « origine » à ce qui pour un observateur apparaîtra comme un tout intégré et significatif, sans nécessité d'une quelconque supervision centrale. Si on laisse de côté l'éventuel observateur, un niveau d'émergence équivaut, en « intériorité », aux instances objectives de fonctionnement des organismes qui trouvent, au moyen de leurs fonctionnements internes, des articulations externes appropriées leur permettant de survivre et d'évoluer.

L'émergence n'est pas la représentation d'un monde prédonné, mais l'avènement conjoint d'un monde, d'une situation et d'un esprit comme résultante d'une série d'actions et d'agencements repérables seulement dans l'après-coup de cette émergence. Cet avènement, qui advient souvent dans des systèmes complexes stables et déterministes, ne relève pas forcément du nouveau. Il n'est pas non plus un pur produit du hasard, mais une caractéristique ontologique de l'être en tant que devenir. La théorie de l'émergence est effectivement une approche ontologique et épistémologique qui, en identifiant l'être avec le devenir, considère que le phénomène n'est pas ce qui de l'être se donne à voir, mais l'être lui-même, tout entier, comme actualisation de l'essence qui le constitue. La séparation entre sujet de la connaissance et objet connu disparaît ainsi, tout simplement, du moment que les deux sont concomitants et que l'acte de connaissance est l'instance même qui rend compte de l'existence autant de l'un que de l'autre.

Nous allons donc avancer dans ce chapitre sur deux voies parallèles : d'une part, la théorie de l'émergence telle que nous l'abordons dans la recherche en épistémologie et, d'autre part, son expression en neurophysiologie, laquelle, nous allons le voir, facilitera aussi la compréhension des phénomènes autres que neurologiques.

L'araignée et sa toile

Puisque l'émergence, hélas, est un signifiant qui, victime d'une sorte de mode, est en train d'être vidé de son contenu, je crois nécessaire de redéfinir, ne serait-ce que de façon générale, ce que j'entends ici par émergence et qualités émergentes. (Se servir rationnellement d'un concept, en tant que chercheur, signifie le travailler comme un outil capable de faire avancer des hypothèses, en vue de la recherche et non pas d'un dogme théorique, c'est-à-dire, comme un bon outil, une bonne hypothèse, sans oublier ce principe fondamental de toute recherche, à savoir qu'il faut être « fidèle » à la recherche, non aux hypothèses qui lui servent d'outils.)

Le concept d'émergence implique pour nous, fondamentalement, l'idée de discontinuité, de non-linéarité, comme l'écrit James Gleick : « La non-linéarité signifie que le fait de jouer modifie les règles du jeu ; l'importance du frottement, par exemple, dépend de la vitesse du palet qui, à son tour, dépend du frottement [1]. » L'idée de non-linéarité ne s'identifie pas à « non déterministe », dans le sens de « sans lois » ou de suspension des lois. La discontinuité implique plutôt l'existence d'une rupture structurelle, d'une non-nécessité *a priori* entre le soubassement et ce qui émerge.

---

1. James GLEICK, *La Théorie du chaos*, *op. cit.*, p. 42.

On peut donc parler d'émergence dans les cas de formation, dans un système stable et déterministe, d'une structure nouvelle à partir d'un soubassement simple qui n'est en rien porteur de la forme qui adviendra dans le phénomène. Il faut évoquer ici le concept d'*a priori*, « indépendant de l'expérience », par opposition à l'*a posteriori*, ce qui est « donné ou qui peut être donné dans et par l'expérience ». Ainsi un embryon, par exemple, peut ou non advenir à l'être futur ; il peut subir des accidents et ne jamais devenir un nouveau-né. Mais il est sûr que le bébé préexiste déjà dans l'embryon, et cet *a priori* témoigne de la prévisibilité linéaire de son existence.

Dans la théorie de l'émergence, la non-linéarité est à comprendre comme un concept clé, radical, dont certaines conséquences peuvent être surprenantes. Cela a été le cas dans le monde de la physique des hautes énergies, où les expériences menées dans les accélérateurs de particules ont montré, contre toute attente, que l'émergence de nouvelles particules à partir du choc d'autres particules dans un « collisionneur » ne résulte pas d'une continuation linéaire, et qu'elles ne sont pas des faits déterminés *a priori*. La procédure de mesure des particules quantiques « émergentes » n'est pas « décomposable » dans les éléments qui les ont produites. De fait, ce que l'on nommera « particule » ne préexiste sous aucune forme, ni même « en puissance », à l'ensemble dont elle émerge au même titre que les ondes mesurées, le chercheur et les appareils de mesure. La théorie de l'émergence ne peut être comprise depuis un éventuel néo-aristotélisme, car les formes et structures émergentes n'existent pas en puissance, telle la statue dans le marbre, en attendant l'acte qui leur permettrait d'advenir.

Seule une approche non déterministe nous permettra donc de comprendre qu'il y aura *émergence* d'une forme ou d'une qualité, même si des combinatoires complètement déterministes s'articulent pour définir la structure interne de chacune d'elles. C'est en perdant de vue cette approche que certains phénomènes ont été évoqués, par erreur, dans la littérature scientifique, comme étant des exemples d'émergence.

Tel est le cas de l'araignée et sa toile : des études de biologie nous apprennent que rien dans le système nerveux de l'araignée ne lui permet de se représenter quelque chose qui ressemble à une toile ; tout ce qu'elle peut faire, c'est de construire un segment suivi d'un autre, et ainsi de suite. Certes, à un moment donné, par la succession complexe de segments, la toile s'achève. Mais cela ne nous autorise pas pour autant à dire qu'elle « émerge ». Nous serions là dans un abus de la théorie de l'émergence, car il est difficile, même sans être biologiste, de concevoir l'araignée séparée de sa toile.

La confusion peut surgir du fait que, souvent, dans un système donné, l'émergence de phénomènes ou de qualités résulte d'une itération de comportements aussi simples que la construction des segments – lesquels, à un moment donné, sans aucune nécessité interne des éléments qui composent le soubassement, sont à l'origine d'une rupture de la linéarité. Dans l'exemple de l'araignée, pourtant, il n'y a aucune rupture de la chaîne linéaire des faits : les segments que l'araignée tisse ne peuvent pas – sauf accident – ne pas devenir toile. Donc, on ne voit pas comment nous pourrions nier que la production de la toile est un fait, certes complexe, mais totalement inséparable de l'existence même de l'araignée.

Nous connaissons des phénomènes vérifiés dans les expériences de la vie ou par l'intelligence artificielle où, en effet, par itération d'un mouvement simple, peut émerger une forme, un fonctionnement non existant *a priori*. Ainsi pour les robots de laboratoires dont on vient de parler, programmés seulement pour accomplir une tâche simple, et qui finissent, par itération de celle-ci, par produire des comportements complexes. Mais là encore, il faut bien faire la différence entre le « non-existant *a priori* » et le non-prévisible, car en réalité, en utilisant des théories probabilistes, nous pouvons avec des marges d'erreur assez faibles prévoir ce qui n'existe pas *a priori*. Cette confusion entre *a priori* et prévisible rend souvent encore plus difficile la classification de certains phénomènes.

Quand nous parlons de « non-*a priori* », nous sommes dans le cadre de ce que certains épistémologues contemporains appellent « nécessaire *a posteriori* ». Le logicien et philosophe américain Saul Kripke parle de nécessité *a posteriori* dans le cas de systèmes dans lesquels le « but » n'existe pas avant l'expérience. Pour des philosophes comme le Français Alain Badiou, qui a théorisé la différence radicale entre la linéarité cause/effet et l'événement, celle-ci ne réside pas seulement dans le côté non prévisible de l'événement, mais aussi dans la rupture de la linéarité qu'il instaure. Il y aura donc émergence là où, entre la situation (1) et la situation (-1), rien ne permettra d'établir *a priori* une chaîne causale. Et cela, non pas par un éventuel « manque d'information », mais par la définition même de la situation (1) comme constellation nouvelle non inscrite de façon nécessaire dans les éléments et fonctionnements de la situation (-1).

Certains épistémologues positivistes en viennent à nier *de facto* le phénomène de l'émergence, lequel ne serait qu'un artefact lié à la connaissance insuffisante des données de départ. Mais ils se trompent gravement : dans l'émergence, il est tout simplement impossible de disposer de toutes les données, car parmi les éléments du soubassement il y a aussi l'élément infini. Structurellement, on ne peut avoir toutes les données, et il ne s'agit pas d'attendre un ordinateur plus puissant : dans l'émergence, l'élément infini du soubassement fait qu'il n'y a pas une clôture opérationnelle du système. Dans ce cas, les éléments opèrent dans un mécanisme de *feedback* avec le milieu ; à l'inverse, la clôture opérationnelle est ce qui fait qu'un mécanisme – comme ceux de l'embryon ou de l'araignée – fonctionne non pas par rapport au milieu, mais par rapport au réseau d'interconnexions internes. Et là où il y a clôture opérationnelle, ce qui va surgir, aussi surprenant que cela puisse sembler, devait surgir comme résultat d'une nécessité *a posteriori*.

Un exemple important d'émergence permettant, peut-être, de voir plus clairement le fonctionnement du mécanisme de *feedback* et l'absence de clôture opérationnelle dans le système est celui que décrit Lacan dans son « graphe du désir », avec le mécanisme par lequel le « sens » advient au sujet du dehors, dans l'après-coup[2]. Le sujet, explique Lacan, devrait donc *a posteriori* s'identifier avec ce sens – il fera ou ne fera pas avec –, ce désir qui est pour lui, radicalement et structurellement, « Autre ». L'émergence est ainsi à penser comme la résultante d'un ensemble de vecteurs, comme nous l'apprenons en physique classique. Cette résultante, qui a la particularité de compter dans

2. Jacques LACAN, *Le Séminaire, livre V. Les Formations de l'inconscient (1957-1958)*, texte établi par Jacques-Alain Miller, Seuil, Paris, 1998.

son soubassement (les vecteurs qui la composent) des éléments inconnaissables (ou infinis), ne peut donc être constatée avant qu'elle n'existe dans et par le phénomène.

L'être est tout entier dans chaque mode d'existence

Il est encore au moins deux autres pièges à éviter dans la théorie de l'émergence. D'une part, celui tendu par les mécanicistes et positivistes, lesquels prennent seulement en compte le mouvement qui va du soubassement simple vers la structure émergente, prétendant que celle-ci n'est rien d'autre que la somme des parties qui la composent. Et, d'autre part, le piège du vitalisme, très fréquemment osé parmi les gens qui travaillent avec cette théorie, où domine la surdétermination du niveau inférieur par le niveau supérieur.

De notre point de vue, pour dépasser ces deux réductionnismes, il faut comprendre les modes d'existence et d'interaction de deux niveaux, tels que les présente Jean Petitot : « Mais quoi qu'il en soit, on peut admettre que chaque niveau d'organisation possède une autonomie ontologique et une syntaxe propre. Le rapport entre deux niveaux n'est pas, comme le point de vue réductionniste l'affirme, un rapport causal de dépendance unilatérale allant du niveau physique de base à celui de la manifestation morphologique, mais bien un rapport expressif de dépendance bilatérale [3]. »

Dans un système composé par des organismes stables ou semi-stables qui interagissent à des niveaux différents, nous pouvons en effet constater la propriété « distributive » du phénomène émergent, dans le sens où toute émergence participe à l'équilibre et au fonctionnement dynamique du système. Chaque partie d'un système existe, d'une certaine façon, dans toute partie du système ; et, parallèlement, toutes les parties d'un système existent, selon un certain mode, dans chaque partie du système intégré (par « existent », on peut entendre aussi « se répercutent »). Le « tout » doit être entendu comme la résultante

3. Jean Petitot-Cocorda, *Physique du sens*, Éditions du CNRS, Paris, 1992, p. 16.

dynamique et en devenir qui n'existe pas en soi en dehors de sa présence dans chaque partie du système, et qui constitue la tendance dominante du système. Bien qu'étant plus que la somme des parties, la résultante n'existe – disons-le encore une fois – que dans chacune des parties dont elle est le mode de régulation déterminante.

Bien entendu, le soubassement, l'étendue restent continus et, en aucune façon, l'émergence de structures ou qualités ne peut être pensée comme *aufhebung* [4] – dépassement, synthèse ou production orientée du réel. Pour aussi nouveau qu'il soit (la nouveauté n'est pas une qualité nécessaire de l'émergence), le phénomène émergent existe d'emblée comme un multiple parmi les multiples et rien ne permet de le concevoir comme l'épiphanie, la synthèse orientée d'un processus caché. Son avènement ne peut pas mettre en cause le fait de la radicale immanence du système ; c'est dire, avec les mots de Spinoza, que le système ne crée pas des empires dans l'empire.

Dire que chaque partie existe, d'une certaine façon, dans toutes les parties du système dynamique, et que le « tout » n'existe pas dans un dehors imaginaire (cet espace imaginaire dont, selon Poincaré, on projette les figures dans un « dehors imaginaire »), cela renvoie au concept de « monade » avancé par Proclus et par Leibniz. Avec eux, nous pouvons avancer l'hypothèse que toute émergence d'une forme ou structure est à comprendre comme l'émergence d'une monade – sans portes ni fenêtres par lesquelles quelque chose pourrait entrer ou sortir –, et visualiser chaque monade comme un miroir vivant, perpétuel, de l'univers, ou comme un « cercle dont le centre est partout, et la circonférence nulle part » (comme le disait de Dieu, au XVe siècle, le néoplatonicien Nicolas de Cues).

Si chaque monade, comme chaque phénomène émergent, contient en elle l'univers, c'est parce que, en tant que miroir, elle ne reflète pas un tout idéal qui existerait « réellement en dehors », mais l'étendue même, l'essence en tant qu'exigence à laquelle toute chose « obéit ». Cette essence de toute chose, complexe et jamais vraiment dépliable, est contemporaine de

4. Dans l'analyse dialectique de l'Histoire par Hegel, l'*aufhebung* désigne le moment de synthèse et de dépassement des périodes précédentes.

l'existence de la chose et elle s'exprime, tout entière, dans chaque monade, dans chaque attribut. C'est ce qui explique l'autonomie ontologique de chaque niveau émergent : l'être est tout entier dans chaque mode d'existence. Il faut aussi garder à l'esprit que les monades peuvent, à leur tour, se composer, s'articuler entre elles, pour donner naissance à des êtres complexes qui seront, eux aussi, des unités fonctionnelles, car un être par simple agrégation est impossible. La substance, tout entière dans chaque mode, est un infini enveloppé – jamais enveloppant – qui s'accouple avec une multiplicité d'autres modes.

Pour Petitot, la théorie de l'émergence « permet pour la première fois de comprendre comment peut bien émerger de la matière et de ses déterminismes la structuration qualitative du monde en phénomènes et en états de choses perceptibles et linguistiquement descriptibles. Ce faisant, elle réconcilie la conception moderne (galiléenne, newtonienne) de l'objectivité physique et la conception néo-aristotélicienne (bertanienne, husserlienne, gestaltiste) de la manifestation phénoménale [5] ». Petitot, comme d'autres auteurs, redonne ainsi une véritable importance à la forme, qui n'est plus considérée comme une apparence derrière laquelle se cacherait quelque chose de fondamental.

Ces formes émergentes, qui peuvent être produites par des systèmes purement naturels ou par des systèmes naturels associés à des outils techniques, ne doivent pas, pour autant, être considérées seulement comme des images, telles que nous avons l'habitude de les penser (photos ou films). Quand nous parlons d'émergence et de production par des organismes d'une série d'images, il faut bien prendre en compte qu'il s'agit à la fois d'expériences tactiles, olfactives, acoustiques aussi bien que visuelles. Quand un animal ou un être humain « touche » une table (comme dans l'exemple du sociologue), il est en relation avec un faisceau d'images complexes fonctionnant comme des images internes émergentes. C'est à partir de ces images que le système nerveux central fera, comme le dit Francisco Varela, « émerger un monde ».

---

5. Jean PETITOT-COCORDA, *Physique du sens*, *op. cit.*, p. 23.

La dureté de la table, le poing qui cogne contre elle, la résistance des matériaux, qui nous paraissent tous « si réels », le sont évidemment, mais ils ne le sont que pour une série d'êtres vivants, ceux qui sont très proches de la constitution physique des humains. Aujourd'hui, grâce aux appareils d'imagerie médicale, nous pouvons sans trop de mal reconstruire le système de formation d'images pour des êtres « proches » de nous, comme le chat ou le chien, et établir de façon certaine que les images composées et complexes qu'ils produisent les font évoluer dans un univers effectivement très proche du nôtre. Ce qui est dur pour moi est dur pour certains autres animaux : à partir du même soubassement, nous produisons des images et des mondes assez proches. Il est important de comprendre cela pour éviter de tomber dans l'erreur d'interpréter ce partage des espaces communs comme preuve de l'existence d'un espace extérieur que nous et eux partagerions, à l'instar d'un décor.

Pour d'autres formes d'existence, pourtant, cette même « dureté » n'existe pas puisque les espaces où elles évoluent n'ont aucun rapport avec les niveaux du réel dans lesquels se joue la phénoménologie des humains et des espèces qui leur sont proches. La consistance « matérielle » de chaque monde est ainsi constituée par une série de dimensions superposées et partagées par des formes et des êtres proches entre eux, dans une sorte de « dégradé » infinitésimal qui ne connaît pas un point d'arrêt objectif. Chaque niveau émergent est donc le résultat de la cristallisation d'une multiplicité de couplages qui donnent lieu à de nouvelles dimensions de complexification de l'être. En restant ontologiquement autonome, chaque niveau est interdépendant avec celui qui constitue son soubassement comme avec des niveaux supérieurs qui peuvent éventuellement émerger de lui.

La Loi ontologique du « tout n'est pas possible »

Dans cette épistémologie ontologique, qui ne manque pas d'évoquer Spinoza et les néoplatoniciens, il faut bien comprendre ce mécanisme selon lequel chaque niveau d'émergence est soumis à la double tension résultant de son autonomie ontologique, et qui fait qu'il reste en rapport dynamique avec son soubassement aussi bien qu'avec les autres niveaux autonomes. Parmi cette multiplicité de niveaux émergents, le phénomène humain ne peut d'aucun droit se revendiquer comme un empire dans l'empire : les choses des hommes appartiennent, elles aussi, aux lois de la nature. C'est dans cette perspective qu'il faut approcher des phénomènes comme la langue et les lois de la cité, pour ne parler que des deux le plus souvent utilisés pour justifier la prétendue hégémonie de l'homme sur le reste de l'existant.

Si la caractéristique « phénoménale » du soubassement peut se définir comme le fait qu'il est non dévoilable, non « existant en soi », et que la multiplicité de couplages pouvant émerger de lui est incommensurable, il faut se garder d'en conclure que dans le royaume de la nature, tout est possible. Les lois, les interdits et les fondements de nos sociétés – ces constructions qui sont l'expression symbolique, langagière, de l'ordre ontologique – peuvent être considérés comme arbitraires seulement dans la mesure où ils relèvent tantôt d'une tendance économique, tantôt d'une tendance ontologique, etc. Mais dans tous les cas, ils gardent – ils doivent garder – une sorte de consonance avec la Loi ontologique qui établit que « tout n'est pas possible ».

Cette Loi-là est un creux, un cadre vide dans lequel viennent s'inscrire chacune des lois et règles positives organisant la vie de chaque société, de chaque culture. À chaque fois que, par malheur, ces lois et règles oublient que tout n'est pas possible, cela déclenche une très profonde crise structurelle, anthropologique, dans laquelle tombe quelque chose du système qui les soutient. Cette Loi du « tout n'est pas possible » accompagne l'histoire de l'humanité : à travers le temps, l'humanité construit de nouveaux possibles et déclare impossibles certaines choses qui étaient possibles auparavant. Le cadre creux de la Loi ontologique ne peut donc être considéré comme donné une fois pour toutes puisqu'il est, lui aussi, modifié par les transformations du paysage et les agissements de l'homme.

C'est pourquoi, pour comprendre toute la portée philosophique et épistémologique de la théorie de l'émergence, nous devons faire l'effort d'aller, dans une certaine mesure, contre ce que produit le sens commun. La force du sens commun réside dans son habitude d'opposer toujours l'immédiat au concret, au point même d'effacer complètement le concret par saturation de l'immédiat. Par « immédiat », nous entendons la construction, lente et contradictoire, d'une médiation qui, une fois installée, n'est plus perçue comme telle, car elle devient une sorte de perception normalisée. Le sens commun agit donc comme une recréation permanente de l'immédiat, en éliminant, chaque fois que possible, tout ce qui pourrait nous plonger dans l'incertitude, dans une rupture de sens ou un non-sens, face au concret et sa complexité.

Or une des médiations qui nous sont imposées par le sens commun consiste à nous faire croire que la projection sur l'espace virtuel – supposé extérieur – de l'image émergente est première par rapport à la production par nos corps des images visuelles, olfactives, tactiles, acoustiques. Alors, en effet, nous « voyons » des objets, des sujets, des « décors », sans nous rendre compte que dans la macrophysique – notre dimension habituelle, à laquelle nous n'avons pas besoin d'appareils pour accéder – la production intérieure des images, exactement comme dans la microphysique, précède sa projection dans un espace supposé extérieur. La dimension où les tables sont dures, nos corps consistants est en définitive constituée de la même façon que l'est la dimension de la particule quantique dans la microphysique.

Il y a pourtant cette différence : quand nous disons que pour opérer la mesure d'une particule il faut d'abord une série de manipulations, et que ce n'est que dans un second temps que nous pourrons en obtenir une « image » analysable, nous ne sommes pas vraiment surpris, car nous pouvons facilement constater que cette image a été produite à partir d'un ensemble constitué par le soubassement, l'appareil, le chercheur. Alors que, dans la dimension macrophysique, les « appareils » qui, à partir du soubassement, seront à l'origine de la production de l'image sont notre propre système nerveux central et nos corps mêmes, ce qui rend plus difficile, ou « moins immédiate », la compréhension du fait qu'il y a eu, là aussi, production de l'image avant sa projection dans l'« espace extérieur ».

On sait que ce qui caractérise la physique des hautes énergies est l'émergence de la particule en présence d'une série de conditions, et le fait qu'aucun élément de l'ensemble ne préexiste isolément sous la forme et la fonction qu'il occupera une fois pris dans le phénomène émergent. Au niveau des particules, nous devons donc accepter d'emblée que nous avons affaire non à des objets, mais à des phénomènes. Il ne s'agit plus là d'insister sur la question classique des possibilités de la perception par rapport à un objet extérieur. Il ne s'agit pas non plus de s'interroger sur l'exactitude de la perception de la part d'un sujet qui se place face à l'objet ; il s'agit de pouvoir reconnaître l'émergence, par une série d'actes, dans un moment donné, d'une dimension microphysique qui ne préexiste pas en tant que telle. Les appareils, les chercheurs, le soubassement, cet ensemble d'éléments et de conditions n'ayant aucun rapport *a priori* avec le phénomène, vont devenir, une fois le phénomène advenu, des parties du phénomène, de l'unité émergente. Et nous pourrons, dès lors, dans l'après-coup, travailler comme si ces différences existaient en soi.

Notre perception de la permanence du monde

Avec l'aide de la neurophysiologie, nous pouvons mieux comprendre les niveaux macrophysiques de la même façon que les niveaux microphysiques. En effet, selon la théorie des formes émergentes, les appareils de mesure qui jouent dans la macrophysique sont ni plus ni moins que nos propres capacités corporelles et celles du système nerveux. Le soubassement est, pour ainsi dire, le « même » dans la microphysique et dans la macrophysique, et nous pouvons même dire que, dans le cas de notre « monde habituel », nous sommes en permanence, tel le chercheur en physique quantique, en train d'interpréter des phénomènes, d'établir des distinctions entre sujets (nous-mêmes), objets, décor, etc., et que toutes ces démarches ont lieu, aussi, dans un après-coup, une fois constitué le phénomène dont nous-mêmes, avec nos instruments naturels, faisons partie. Nous ne sommes donc pas « premiers » par rapport au monde, de la même façon que le monde dit extérieur n'est pas non plus « premier » par rapport au phénomène.

Notre conscience, à son tour, n'étant en rien conscience d'un monde extérieur, n'est, dans le meilleur des cas, qu'un appareil d'analyse (pas très fiable) qui n'intervient qu'une fois le phénomène advenu, c'est-à-dire en retard, et comme une partie, elle aussi, du phénomène. Partie du phénomène, la conscience – on n'insistera jamais assez – a pourtant tendance à se prendre pour la totalité et joue un rôle majeur dans la fabrication de la croyance, sorte d'autopromotion, d'après laquelle elle occuperait une place « extérieure » à l'ensemble dont elle ferait, tout compte fait, (humblement) partie.

Phénomène veut donc dire, dans la microphysique comme dans la macrophysique, que ce qui nous est donné ne préexiste pas à la situation de son émergence et que l'observateur, en tant qu'élément faisant partie du phénomène, modifie, puisqu'il la constitue, l'expérience. La non-linéarité propre aux phénomènes complexes implique que le fait de jouer, d'agir modifie, dans le geste même de les actualiser, les règles du jeu. L'existence matérielle des objets, la certitude des limites, des chocs et de l'« impénétrabilité » des corps, toutes ces « évidences » qui caractérisent notre monde habituel font partie d'une croyance dans la préexistence de cette constellation d'éléments par rapport au phénomène qui les fonde.

Si ce que nous appelons, faute de mieux, dimensions de l'espace, dépend directement de notre constitution physique, de nos muscles, nous pouvons alors comprendre que l'expérience de la permanence, pour nous évidente, des objets dans l'espace – c'est-à-dire l'expérience du quotidien, le fait que « les choses sont là » – est aussi une conséquence des caractéristiques de notre composition physique. Au moyen de nos corps, nous produisons certains types d'images et de sensations, et nous établissons un certain type de relation avec le soubassement auquel nous-mêmes participons en tant que parties de la constellation phénoménale. La permanence du monde, telle que nous la percevons, ne renvoie donc pas à son existence dans un espace objectif extérieur à nos corps : on pourrait dire, tout simplement, que pour ces dimensions phénoménales-là, les choses existent de cette façon-là. L'acceptation de cette croyance nous renvoie à ce qu'affirme le mathématicien et philosophe Henri Poincaré, pour qui cet espace extérieur, ou supposé extérieur, n'est pas une forme de la sensibilité, mais une forme de l'entendement, après coup. Notre sensibilité ne nous trompe donc pas, seulement elle n'existe qu'une fois déjà fondées les dimensions en question.

L'accès à différents niveaux de réalité ne dépend pourtant pas toujours de mécanismes très compliqués. Un microscope nous permet d'accéder, grâce à cette « prothèse » ajoutée au système nerveux central, à des niveaux qui, eux non plus, n'existent pas en soi, n'existent pas tels que le couplage microscope/système nerveux les fait émerger. De même, il suffit de modifier chimiquement l'appareil « naturel », le système nerveux central, par exemple avec un hallucinogène comme le LSD, pour que les images émergentes, le monde « enacté » ne soient plus construits comme dans l'état « normal ». Ainsi, le monde construit par ces couplages particuliers n'est pas plus ou moins vrai que le monde émergent par le seul système nerveux dans son état naturel.

Ce que je vois au microscope, pas plus que ce chat que j'aperçois sur le toit en ouvrant ma fenêtre, n'est donc à interpréter comme ce qu'on peut découvrir en soulevant un drap, quelque chose qui aurait été caché dessous, car au moment du « dévoilement » je fais déjà partie de la constellation où ce dévoilement s'inscrit. On peut insister sur le chemin positiviste et se dire que le tissu que je suis en train d'observer au microscope, ou le chat du voisin, je ne les invente pas, qu'ils étaient déjà là ; mais cela ne serait vrai que dans une certaine dimension du réel, dans une certaine temporalité, celle de la constellation qui relève aussi bien de la cellule et du microscope, ou du chat sur le toit, que de mon œil et de mes capacités cérébrales.

Nous pouvons par exemple imaginer une mutation qui aurait comme résultat que notre système nerveux central possède une vision microscopique, et que notre corps ait une consistance microscopique : dans ce cas-là, on ne « verrait » plus de tables et des portes, pas plus que des montagnes ou des chats ; et pourtant, si l'espèce survit à cette mutation, ce serait parce que les images enactées par ce système nerveux modifié auront été assez bonnes pour produire des couplages avec les autres organismes et animaux qui partagent le « paysage ». Alors, si un savant dans ce monde-là construisait un « macroscope », celui-ci nous permettrait de « voir » des objets qui certainement « étaient déjà là », tandis que nos corps, continuant à fonctionner dans des dimensions microscopiques, traverseraient tables, chats et montagnes macroscopiques, sans se heurter ni se cogner.

Un autre bon exemple de la discontinuité entre le soubassement et l'image enactée dans une constellation donnée est le phénomène des mirages. En effet, nous savons que, d'un point de vue neurophysiologique, un mirage n'est pas assimilable à une simple hallucination, même de celles qu'on appelle hallucinations collectives, car les mécanismes mis en jeu dans les deux cas ne sont pas les mêmes. Dans le cas du mirage, on peut assurer que, à la même place, pour des gens très différents et dans des moments différents, apparaîtra un « mirage » : à partir du même soubassement (comprenant un certain type de système nerveux central), on ne peut éviter d'enacter ce mirage. Les mêmes mécanismes sont en jeu dans de multiples autres formes : « trompe-l'œil », hologrammes, ou « formes cachées » dans la peinture de la Renaissance.

Il s'agit bien d'un phénomène émergent dans la mesure où rien, absolument rien, dans les ondes, les éléments physico-chimiques qui constituent le soubassement du mirage, ne nous permet de dire qu'il « préexistait » à l'image enactée. Celle-ci ne dépend que des propriétés corporelles des organismes qui la produisent, même si, évidemment, elle sera dans un second temps projetée dans un supposé espace extérieur. Cela n'a rien à voir avec tous les cas où nous pouvons, comme le dit le philosophe américain Thomas Nagel, croire à la théorie de l'émergence par ignorance : par exemple, quand nous ne savons pas que d'un œuf naîtra un volatile, et que nous sommes vraiment très surpris de voir surgir un poussin d'une pierre blanche. Là nous serions tout simplement, rappelle Nagel, dans la méconnaissance des déterminations qui devaient donner origine à la nouvelle forme ou structure [6].

Cette radicale discontinuité nous éclaire une fois encore sur le caractère multiple, non téléologique ou finaliste de la théorie de l'émergence, car nulle *aufhebung* n'est imaginable, rien n'oriente depuis une nécessité transcendante ce qui existe dans l'immanence sous des formes et des niveaux d'auto-organisation différents. Cette discontinuité n'est pas à penser comme relevant

6. Thomas NAGEL, *Le Point de vue de nulle part*, L'Éclat, Paris, 1993.

d'un manque d'information ou d'une ignorance quelconque, mais comme preuve de la radicalité ontologique du phénomène. Tout ce qui existe a une cause, mais cela ne signifie pas pour autant que l'existant soit ontologiquement inscrit dans une linéarité, qui ferait que ce qui advient soit seulement le dévoilement de ce qui aurait été là depuis l'éternité, « en puissance », comme disait Aristote.

Pour la même raison, les formes et structures émergentes ne sont en aucun cas à comprendre comme des « réponses » à des problèmes qui se poseraient dans des situations antérieures. Il y a, dans cette discontinuité fondatrice de l'émergence, une nouveauté qui ne peut être lue dans les termes de « solution » à un problème, et encore moins comme l'apparition d'un organe produit par une fonction, comme cela est fréquent dans le vitalisme métaphysique étonnamment très partagé par les positivistes.

La raison suffisante de l'existence d'une chose est la chose elle-même, et cette raison suffisante lui est consubstantielle. Dans le cas du phénomène, la raison suffisante de son existence est à la fois son existence même et l'effort pour persévérer dans son être. Tout reste « nécessaire », mais nécessaire *a posteriori* – dit autrement, l'essence et l'existence sont contemporaines, naissent de la même coupure. À la différence des processus qui se déroulent dans une linéarité logiquement repérable, et dans lesquels chaque étape n'est qu'un effet de l'état antérieur, nous pouvons définir un phénomène comme émergent là où, précisément, il n'y a pas de référence possible à un « état antérieur ». Tel est le fondement de la discontinuité : nous pourrions dire que nous sommes toujours dans la « situation (1) », car ce qui émerge n'est ni en continuité ni en dévoilement de situations antérieures ; il n'y a pas, tout simplement, de « situation (-1) », mais seulement soubassement sans continuité *a priori*.

Le rapport entre structure ou forme émergente et le soubassement n'est pas celui d'une coupure introduite dans le continuum de l'étendue : il s'agit plutôt d'un pli de l'étendue, d'une forme qui, tout en n'inaugurant pas un « au-delà » de l'étendue, détermine quand même deux niveaux ontologiques différents. Il existe ainsi, dans le soubassement, des conditions initiales, parfaitement calculables, qui conduisent à des états non calculables, à des résultantes non prévisibles depuis l'état initial.

Le philosophe belge Dominique Lambert définit ainsi cette émergence et son auto-organisation : « Le concept d'auto-organisation indique la capacité d'un système à produire de lui-même, de manière purement autonome, un ordre particulier. L'idée sous-jacente à ce concept est une sorte de réaction contre un finalisme, ou contre un vitalisme qui supposerait que l'ordre vital est imposé par une cause extrinsèque [7]. »

Dans sa nouveauté, la théorie de l'émergence fait écho à un savoir à la fois très ancien et très présent dans le sens commun. C'est ce que, dans le même ouvrage, nous rappelle Bernard Fletz : « Le principe d'émergence renvoie aux relations d'un tout organisé à ses éléments constituants. La formulation naïve du principe d'émergence prend la forme "le tout est plus que la somme des parties". Les diverses conceptions de l'émergence renvoient aux diverses manières de concevoir cette notion de "plus que" [8]. »

---

7. Dominique LAMBERT, « Les modèles mathématiques de l'auto-organisation et de l'émergence », *in* Bernard FELTZ, Marc CROMMELINCK et Philippe GOUJON (dir.), *Auto-organisation et émergence dans les sciences de la vie*, Ousia, Bruxelles, 1999, p. 215.

8. Bernard FLETZ, « Auto-organisation, sélection et émergence dans les théories de l'évolution », *ibid.*, p. 492.

5

Couplages

Après avoir abandonné le concept classique de perception, on est toujours encore en droit de s'interroger sur le « rapport » qui peut exister entre les images émergentes, « enactées », et le substrat perceptif à partir duquel le cerveau procédera au découpage de ce que seulement plus tard, dans l'après-coup, on appellera « perception ». En effet, ne serions-nous pas là en train de recréer une nouvelle version de l'épistémologie kantienne, où le substrat perceptif serait la « chose en soi », et l'image émergente la « chose pour soi » ? Le réel serait ainsi composé d'une série d'objets « en puissance », pour reprendre la constellation aristotélicienne, et les images émergentes seraient l'actualisation de ces objets « en acte ». Or, dans la théorie de l'émergence, on cherche justement à s'éloigner de cette représentation.

Que sont les « lois de la nature » ?

Si les images « émergentes » sont, pour ainsi dire, l'expression des lois de la nature, elles ne reflètent pas pour autant le « monde ». Quand nous parlons de « lois de la nature », nous faisons référence aux lois de fonctionnement des mécanismes physiologiques du cerveau humain et animal, et pas du tout à une quelconque dimension obscure ou secrète. Nous essayons, en fait, de suivre le plus fidèlement possible, ce qu'écrit Spinoza quand il parle des affects : « Pour la plupart, ceux qui ont écrit à propos des affects et de la façon de vivre des hommes semblent traiter, non des choses naturelles qui suivent les lois communes de la nature, mais des choses qui sont hors de la nature. On dirait même qu'ils conçoivent l'homme dans la nature comme un empire dans l'empire. Car ils croient que l'homme perturbe l'ordre de la nature plutôt qu'il ne le suive, qu'il a sur ses actions une absolue puissance, et n'est déterminé par ailleurs que par soi-même [1]. »

Spinoza explique que la prétendue séparation de l'homme d'avec la nature n'est pas seulement le résultat d'un profond narcissisme, mais aussi de l'ignorance : « L'expérience elle-même montre, non moins clairement que la raison, que les hommes se croient libres pour la seule raison qu'ils sont conscients de leurs actions, et ignorants des causes par quoi elles sont déterminées ; et en outre, que les décrets de l'esprit ne sont rien d'autre que les appétits eux-mêmes, et pour cette raison varient en fonction de l'état du corps [2]. »

Libres par ignorance, donc, les hommes vont volontiers s'imaginer séparés de leur propre fonctionnement physiologique, tout en mettant en avant une prétendue singularité extrême du phénomène humain. Malgré cette ignorance, néanmoins, les mécanismes d'émergence procèdent comme une série incessante de flux de composition et décomposition de rapports. L'agencement des mécanismes cérébraux avec les données culturelles et structurelles détermine le découpage du substrat perceptif et permet l'émergence (telle une résultante) de ce qui devient image, paysage, situation.

Ces images, ou ces « perceptions » que le cerveau arrive à produire, nous informent ainsi de la façon dont les « lois de la nature » fonctionnent dans la physiologie humaine. Elles nous montrent comment le cerveau produit des mondes à partir d'un soubassement commun qui n'est pas à être pensé comme territoire noir à dévoiler, car il ne possède pas, de façon cachée à notre perception, une réalité autre, une réalité « en soi ».

1. Benedict DE SPINOZA, *Éthique*, *op. cit.*, p. 121.
2. *Ibid.*, p. 139.

Le positivisme, autant le classique que l'actuel, se plaît à affirmer qu'il n'y a pas de niveau émergent, que ce que nous considérons comme des structures, des organisations complexes n'est rien d'autre qu'un amas plus ou moins heureux de molécules. Paradoxalement, dans leur apparente « objectivité à tout prix », les positivistes tombent (comme d'habitude) dans la plus abstraite des métaphysiques, et nous assistons sans cesse à la confusion qui consiste à prendre, dans les laboratoires de vie et d'intelligence artificielle, les mécanismes de la vie pour la vie elle-même. Pour nous, il n'y a pas besoin de mobiliser des sophismes inextricables pour pouvoir affirmer que, par exemple, on pourrait mélanger au hasard pendant dix siècles les lettres de l'alphabet sans jamais parvenir à faire précipiter le texte de *Don Quichotte*. On pourrait sans fin mélanger des molécules sans arriver à des formes vivantes, et ainsi de suite.

La théorie de l'émergence affirme, très simplement, que l'alphabet ne préfigure pas Don Quichotte, que les pierres ne préfigurent pas Notre-Dame et que les niveaux d'existence/perception qui émergent expriment non pas des essences du substrat perceptif, mais les essences des organismes qui, agencés dans de multiples infinis, produisent ces situations, ces phénomènes. Chaque organisme articule des émergences d'après les rapports qui le caractérisent ou, dit dans des termes spinozistes, des rapports qui expriment son essence. C'est pourquoi il y a toujours un moment donné où aucune chose ne peut plus se réduire aux mécanismes qui la composent, où elle n'est plus pensable que sous la forme d'une sorte de résultante.

Enactée dans le cerveau, l'image existe et peut ensuite être projetée dans un (supposé) espace extérieur. À ce point, on peut toujours céder encore à la tentation positiviste et se poser à nouveau la question sur le soubassement, c'est-à-dire les matériaux qui existeraient, objectivement, à l'extérieur du cerveau. Ainsi, au-dessous de Notre-Dame nous pouvons identifier les pierres ; au-dessous d'elles, les molécules, les atomes, les neutrinos, plus tard l'énergie et ainsi de suite, sans arriver à un point qui puisse être reconnu comme en étant une sorte de socle, un point d'arrêt ontologique qui mérite d'être appelé l'« en soi ».

Cette glissade nous amène à renouer avec quelques questions profondes et fondatrices traitées déjà par les présocratiques qui s'interrogeaient, eux aussi, sur l'existence – au-delà des différents niveaux de connaissance – d'un point d'arrêt, d'un soubassement dernier, ou premier, à partir duquel tout se déploierait dans un faisceau d'agencements. Que ce soubassement fût la terre, l'eau, le feu, l'air, ou, comme pour Héraclite, le devenir même, chez les présocratiques la connaissance n'avait pas affaire avec un savoir mais avec l'être, sans aucune discontinuité.

Aujourd'hui nous sommes, une nouvelle fois, face à la question du soubassement. Reconnaître la nature fondatrice de ce problème, comprendre qu'il s'agit là d'un point de départ est absolument nécessaire pour ne pas tomber dans la tentation de prendre la théorie de l'émergence pour une métaphysique, et notre critique de la théorie de la perception pour une discussion de « croyances ». La recherche du soubassement du soubassement implique une véritable dérive nihiliste où toute pensée viendrait s'échouer. Car si nous pouvons concevoir que chaque niveau émergent, chaque situation enferme en soi une infinité de parties (tel les transfinis de Cantor en mathématiques), en revanche, toute tentative pour que ce même infini soit non pas enveloppé mais enveloppant nous plonge directement dans le néant et l'irrationnel. Enveloppée, chaque situation est infinie ; enveloppante, elle est incomplète et virtuelle.

Émergence et objectivité

Ces questions de fond devraient nous permettre de comprendre que la théorie de l'enaction et celle de la perception ne se distinguent pas comme deux approches possibles du même problème, mais que l'écart entre les deux relève d'une véritable différence ontologique. De notre point de vue, ce qui émerge relève toujours d'un niveau existentiel de réalité – c'est la réalité elle-même qui existe dans chaque niveau composite d'émergence. Comme nous avons déjà dit après Goethe : « Il n'y a rien à chercher derrière les phénomènes ; ils sont eux-mêmes la doctrine. » Nul relativisme, nul subjectivisme ne sont ici de mise : bien au contraire, l'émergence du connu et du connaissable implique, à la fois, l'émergence du « connaissant », dans un processus commun et objectif.

Damascius posait déjà la question : « Mais si la connaissance ne rencontre pas l'étant, ou ne rencontre l'étant que dans la mesure où il est connaissable, qu'est-ce donc que le connaissable et en quoi diffère-t-il de l'étant[3] ? » Pour lui, comme pour les autres néoplatoniciens, si la connaissance ne rencontre pas l'étant, ce n'est pas parce qu'il s'agirait là d'un « en soi » non atteignable par la connaissance humaine, mais parce que le connaissable est émanation, procession, et non pas objet à dévoiler : « Connaître c'est s'unir, non à l'étant lui-même, mais à la lumière qui émane de lui. »

Et encore dans le même texte, plusieurs siècles avant Gödel ou Heisenberg : « L'inconnaissance est absolue et au-delà de l'ignorance elle-même. » Pierre Hadot, éminent spécialiste de la philosophie antique, commente ainsi ce passage dans un de ses cours au Collège de France : « La profondeur de Damascius est de n'avoir pas simplement située l'ignorance aux frontières de la connaissance, comme une région qui s'étendrait en dehors de celle-ci, qu'il est donné à la pensée de parcourir, mais de l'avoir aperçue au cœur de la connaissance elle-même ; d'avoir vu que l'analyse de la relation du connaissant au connu nous obligeait à reconnaître en chaque réalité quelque chose d'indicible qui est non pas ce qu'il y a d'un en elle, mais, au-delà de l'unité d'elle-même, ce qu'elle a d'absolu. »

Les phénomènes émergents n'existent donc pas dans un imaginaire au-delà de toute loi, au-delà de toute détermination. Mais dans une relation où la nécessité est seulement compréhensible dans l'après-coup, sans faire appel à quelque chose de non rationnel.

Une certaine interprétation de la physique quantique nous propose souvent des récits et des explications qui se rapprochent beaucoup du schéma simplifié du type « soubassement ineffable/émergence d'une entité ». Depuis plusieurs décennies, par exemple, les physiciens nous présentent ce qu'ils appellent la « réduction du paquet d'ondes ». Il s'agit de l'explication du phénomène de mesure et d'identification d'une particule, à la fois unité corpusculaire et quantum d'énergie. Pour exécuter cette « mesure », on pourrait dire que les physiciens doivent

3. DAMASCIUS, *Des premiers principes*, *op. cit.*, p. 378.

évidemment compter avec des appareils permettant de mesurer quelque chose qui serait là mais qu'on n'arriverait pas à voir sans leur aide. Nous dirons, au contraire, qu'il s'agit là d'une dimension où c'est justement par la mesure elle-même que la particule, le quantum, prendra une forme mesurable. Le profane se demandera, avec raison : où était-elle, cette particule, avant la mesure ? Et qu'est-ce qu'elle devient après ?

Les physiciens parlent de cette manipulation de mesure comme d'une « réduction du paquet d'ondes », exprimant par là le fait, que nous avons déjà évoqué dans le chapitre précédent, selon lequel la particule, en tant qu'unité mesurable, et sous cette forme, ne préexiste pas à l'action de la mesure. Cela est illustré par l'exemple classique dit du « poisson quantique ». Dans un monde newtonien, si Pierre va dimanche à la pêche et qu'il ne revient pas bredouille, c'est parce que le poisson qu'il a pêché était là, dans l'étang, au moins depuis ce dimanche matin. Dans la microphysique, en revanche, tout se passe comme si le « poisson quantique » n'était pas là avant l'arrivée de Pierre et de la canne que l'on identifiera, dans cet exemple, à l'instrument de mesure. En quelque sorte, dans un monde quantique, le poisson sort apparemment d'un chapeau.

Il ne s'agit pas, naturellement, de génération spontanée, mais du fait que, dans la dimension microphysique, les objets – les particules – n'« existent » pas de la même façon que dans le monde macrophysique. Avant la manipulation de mesure, rien n'existe sous la forme de cette particule qui ne se cristallise que du fait de la manipulation. Une particule quantique est une résultante et non pas un objet comme ceux que nous trouvons dans la physique newtonienne, un objet qu'on pourrait mesurer ou pas mais qui serait là, de toute façon.

On peut dire que, comme rien ne peut surgir du rien, le « poisson quantique », ou son soubassement, était déjà là, mais seulement sous la forme d'ondes, c'est-à-dire que ce qui allait devenir « poisson quantique » occupait tout l'espace, comme une onde le fait. Et on parlera de la mesure non pas comme d'une mesure classique, mais comme d'une « réduction » de ce paquet d'ondes, soubassement alors de cette particule qui émerge comme résultante de la rencontre entre les instruments de mesure, les ondes et l'action elle-même du chercheur. Encore une fois, nulle subjectivité, nulle « vérité à la carte », l'émergence de la particule n'entretenant aucun rapport avec quelque subjectivité que ce soit. Les instruments de mesure, comme l'activité du chercheur, sont les éléments les plus objectifs que l'on puisse trouver.

Perception et aperception

Nous avons déjà dit que l'émergence d'un niveau d'ordre nouveau relève d'une série d'agencements. Maintenant nous allons voir que ces agencements sont, pour la plupart, non conscients ni existants sous des états représentationnels. Cette constatation aurait fort troublé Berkeley et les subjectivistes anglais, pour qui « être c'est percevoir », mais elle ne contredit en rien Leibniz, qui établit une différence aussi subtile que fondamentale entre « percevoir » et « apercevoir ». Selon lui, par exemple, avant que nous ayons conscience du bruit que fait une vague, avant donc que l'image acoustique d'une vague n'advienne à notre conscience, il y a une infinité de gouttelettes qui certainement font un bruit que nous n'apercevons pas. Une « aperception » (consciente) sera, alors, la résultante d'une infinité de petits bruits qui ne nous atteint pas, ou bien, qui nous atteint mais d'une façon aperceptible.

Il ne s'agit pas là d'un mécanisme inconscient ou préconscient, comme quand on parle de perceptions ou de stimuli « subliminaux » ; la différence établie par Leibniz concerne des mécanismes physiques, des parties de notre corps en rapport et interaction avec d'autres corps, non réductibles à des phénomènes « psy ». Le fait que notre corps perçoit en permanence une infinité de stimuli qu'il ne peut pas apercevoir pourrait paraître banal, mais la question qui suit ne l'est nullement. Car il s'agit de pouvoir établir à quel moment et de quelle façon quelque chose qui existe, immédiatement, comme des millions de gouttelettes – perceptibles, elles, mais non aperceptibles – advient, émerge, en tant que résultante, sous forme de vague.

La physiologie classique appelle cela « seuil de perception », ce qui fait par exemple que nous ne sentons pas le poids de nos vêtements, ou moins encore le poids de l'air, sauf quand des changements importants conduisent à dépasser ce seuil d'accoutumance. Dans la neurophysiologie actuelle, Varela et d'autres parlent plutôt de « couplage » : les milliards de gouttelettes entrent en relation avec mes parties extensives – les parties et molécules qui me composent –, de sorte que mon corps est déjà en étroite articulation avec le phénomène avant que celui-ci n'advienne aux régions corticales de mon cerveau et, éventuellement, à ma conscience.

Il ne faut pas oublier non plus que nos parties extensives sont en permanence dans des rapports qui resteront au niveau des circuits sous-corticaux, non conscients, et que par conséquent la plupart de ces perceptions ne deviendront jamais des aperceptions. Ainsi, le système nerveux central chez l'homme, comme chez la plupart des vertébrés, ne fonctionne pas comme un écran de projection où viendraient s'inscrire les impressions de l'extérieur, et par rapport auxquelles le système pourrait réagir.

En tant que réseau neuronal clos, le système nerveux ne dispose ni d'entrées ni de sorties à proprement parler. Chaque mécanisme du système opère en interaction, en compensant les variations que le système reçoit du dehors. Ce fonctionnement ne garde pas une relation directe avec l'environnement mais avec les modèles et fonctions internes du cerveau. Varela précise à ce propos : « La distinction entre les causes internes ou externes des changements d'états du système nerveux ne peut être faite que par un observateur extérieur ; ce dernier perçoit l'organisme comme une unité (le système nerveux, ou l'animal) et définit son extérieur et son intérieur en spécifiant ses frontières [4]. »

C'est dire que si je suis, comme tout corps, composé d'une infinité de parties extensives, ces parties extensives m'appartiennent dans la mesure où elles fonctionnent en suivant les rapports qui m'identifient, en tant que singularité, en tant qu'unité. Mais ces mêmes parties extensives sont aussi en permanents et changeants rapports de couplage avec d'autres parties extensives extérieures à mon corps, et, ainsi, la plupart des fonctionnements auxquels elles participent n'adviennent jamais à une instance représentationnelle centrale ou consciente.

4. Francisco VARELA, *Autonomie et connaissance*, *op. cit.*, p. 150.

Un corps animal vivant est dans une telle intensité d'échange avec son environnement qu'en réalité il n'est jamais composé par les mêmes molécules. La continuité de l'étendue méconnaît absolument les frontières, pourtant réelles, de chaque corps. D'un point de vue moléculaire, je peux dire que je ne suis certainement pas le même qu'avant-hier. Il s'agit là d'une autre question centrale que nous aborderons plus tard, à savoir, la nature, la réalité de cette instance d'unification d'un « soi » qui permet à mon organisme de différencier ce qu'on peut appeler un « soi » et un « non soi ».

Soi et non-soi ne dépendent pas ici seulement de la possibilité pour une conscience de déterminer une certaine instance unifiée, de créer l'illusion d'être détachée de tout et d'avoir le droit de totaliser l'ensemble. Tout au contraire, il s'agit plutôt d'essayer de comprendre comment opèrent des mécanismes d'une façon tout à fait décentralisée, que ce soit par des boucles sous-corticales ou plus simplement encore par l'interaction moléculaire, sans que ces mécanismes ne fassent, à aucun moment, appel à cette centralité que depuis très longtemps nous sommes habitués à voir comme l'instance de commandement.

Pas très loin de nous, par exemple, des mammifères comme le lion ou le tigre ne sont pas capables de produire, à partir de la vision, des images en couleur et tridimensionnelles, comme le font les cerveaux humains ou ceux des grands singes. Les images qu'ils construisent, qu'ils voient sont plutôt des volumes. La réaction positiviste naïve pourrait alors conclure que les grands fauves sont privés de certaines dimensions perceptives, de certains organes qui leur permettraient une perception « plus proche de la réalité ».

C'est là un bon exemple de ce que nous sommes en train de développer dans la critique de la théorie classique de la perception : l'émergence des images intérieures n'est plus à penser dans le dispositif « sujet percevant/monde perçu ». Les couleurs qui font partie des images construites par nos cerveaux ne font en aucun cas partie d'une réalité objective extérieure dont les grands fauves seraient « privés ».

Essayons par exemple d'imaginer ce que peut être le monde « objectif » pour une mouche, une fourmi, une bactérie... Volumes, couleurs, textures, densités, intensités : ce sont des qualités qui parlent non pas du substrat perceptif (l'étendue), mais des mécanismes internes qui à partir du substrat produisent nos réalités, celles que dans l'après-coup nous appelons « monde perçu ». La substance n'existe alors, comme l'écrit Spinoza, qu'à travers ses modes, ses attributs.

Ces mondes perçus, comme nous l'avons déjà dit, nous les partageons avec ceux de notre espèce et avec ceux des espèces les plus proches, sans que l'on puisse parler d'une véritable discontinuité. Deux mondes émergents, en revanche, risquent d'être profondément divergents dans le cas de deux espèces bien éloignées, comme un homme et une bactérie. Les images qui peuvent être produites à un moment donné par un cerveau dépendent donc surtout des qualités intrinsèques de ce cerveau. Chez les humains, pourtant, ce qui émerge dépend aussi de l'articulation *a priori* entre ces invariants physiologiques et ceux de la culture à laquelle l'individu appartient.

Le couplage entre le cerveau humain et la technique, par exemple, permet l'émergence de formes qui ne seraient pas possibles à partir des seules qualités neuronales. Si les mécanismes propres du cerveau d'un chien lui permettent de construire des images à partir des ultrasons, pour l'homme, une émission d'ultrasons n'est pas repérable dans l'aperception. Mais en faisant appel à un appareil approprié, les humains peuvent « coopter », d'une certaine manière, les mécanismes cérébraux du dauphin ou du chien.

On peut penser, naïvement, qu'un tel appareil nous permettra de « capter » quelque chose qui existe en soi et qu'avant on ne pouvait pas percevoir ; mais, en toute vérité, le son « en soi » n'a pas plus d'existence pour le chien que pour l'homme. Il s'agit plutôt de l'émergence de nouveaux circuits de créations d'images, rendus possibles à l'humain grâce à l'intervention de certains mécanismes de couplage avec des « prothèses techniques » qui fonctionnent comme de véritables extensions. La nouveauté est là, car les appareils de mesure permettant au chercheur d'interagir avec le monde microphysique sont autant de prothèses pour de nouvelles créations d'images, c'est-à-dire la production de nouvelles dimensions existentielles.

La différence entre perception et aperception se joue dès lors autour d'un seuil qui dépend, selon la neurophysiologie, de mécanismes invariants propres à chaque espèce. Pour autant, l'existence du seuil quantitatif ne fait pas « exister » l'ultrason ou la vague en dehors de mécanismes spécifiques qui vont permettre ou non à chaque espèce de faire émerger dans son cerveau l'image d'une vague à partir de cette matière première que nous nommons gouttelettes, ou d'un phénomène acoustique à partir de vibrations dans l'air.

Il ne faut pas tomber dans l'erreur positiviste de croire qu'il existerait « pour de bon » les gouttelettes, car ce substrat, ce soubassement n'existe que pour une série limitée d'espèces. La plupart des formes de vie ne forment pas d'images de vague ou de gouttelettes, sans parler de formes de vie majoritaires qui ne possèdent ni mécanismes représentationnels, ni aucune instance centralisatrice – des organismes par rapport auxquels nous ne sommes pas en mesure d'affirmer s'ils existent tels que nous les percevons, ou bien s'ils ne sont que des parties d'un autre organisme plus vaste.

Le monde n'existe pas comme forme dernière à découvrir

Tel est le cas des micro-organismes unicellulaires, mais aussi par exemple des fourmis : encore aujourd'hui, on hésite à se prononcer sur le fait de savoir si l'unité, la singularité dans cette espèce est la fourmi ou bien si la « bête » en question n'est pas tout simplement la fourmilière. Ce qui « fait corps » dans un corps est-il vraiment son caractère de continuité, le fait que ses tissus cellulaires soient capables de communiquer et d'échanger, puisque chez les fourmis les fonctions de base de cet échange sont également garanties d'un individu à l'autre, malgré la distance qui sépare les fourmis/cellules ? Ainsi, on pourrait dire que les frontières entre les différentes singularités ne sont pas données par l'irruption d'une discontinuité quelconque dans le soubassement.

Par exemple, quand nous disons qu'un crapaud « attrape » une mouche, nous sommes dans un récit seulement possible pour un observateur extérieur. Car le crapaud n'attrape pas la mouche dans un dispositif où il existe comme organisme centralisé qui, à un moment donné, « décide » d'attraper la mouche. Les mécanismes ici en jeu fonctionnent sans faire appel à aucune instance centralisatrice : les arcs réflexes du crapaud, qui réagissent à certaines parties de la mouche, relèvent de mécanismes de *feedback* où aucune centralité n'intervient. Dans la plupart des interactions entre parties extensives, il s'agit de réactions au niveau de la molécule ou d'un groupe de neurones, ou bien, chez les insectes, de réactions chimiques devant certaines hormones, odeurs ou couleurs. Dans l'étendue il n'existe donc pas de discontinuité, et les flux sont permanents.

Chez le sujet humain les choses se passent de la même façon, et la plupart de nos actions n'adviennent jamais à des niveaux corticaux, conscients. Quand je joue au ping-pong, si par malheur j'essaie de penser consciemment (par boucle corticale, donc), la première conséquence sera que je ne pourrai pas rattraper la balle. Les pilotes d'avion savent, comme celui de l'exemple de Varela, que dans leurs entraînements ils doivent arriver à fonctionner de façon non centralisée : à l'instar du crapaud, ils mettront en œuvre des mécanismes réflexes décentralisés pour s'articuler au fonctionnement de l'appareil.

Le langage courant dit bien que « le pilote fait corps avec son appareil » ; nous savons tous aussi que pour réellement jouer d'un instrument, le musicien doit pouvoir faire corps avec lui, le sentir comme une prolongation du corps. Les exemples sont sans fin, qui nous montrent tous comment l'intellectualisation extrême de la vie a pu nous faire oublier cette vérité de base : les corps pensent – la tête ne dirige pas le corps, elle fait partie du corps. Le pilote, le joueur de ping-pong, le saxophoniste, chacun de nous en exécutant la plupart de nos actions quotidiennes, tous opèrent dans ce mode de couplages entre parties extensives, sans qu'intervienne aucune instance ou mécanisme « représentationnel », cortical ou centralisateur – ou s'ils le font, cela sera dans l'après-coup.

Dès lors que les modèles internes qui organisent nos rapports ne sont pas tous corticaux et qu'ils dépendent plutôt de l'état « actuel » de notre corps, on voit à quel point il est absurde d'imaginer une conscience qui, depuis « nulle part », puisse connaître et réfléchir pour ensuite, éventuellement, agir. Dit autrement, il n'y a pas de connaissance sans pratique. La connaissance, redisons-le, est le nom donné à la production du phénomène d'où émergent *et* le monde *et* le sujet qui croit percevoir ce monde comme s'il avait été donné avant l'après-coup.

Comme le dit Alain Berthoz, « il s'est établi dans les neurosciences une hégémonie des recherches et des concepts concernant la vision corticale qui a fait oublier l'importance de la vision sous-corticale, laquelle pourtant précède de quelques millions d'années la vision corticale, avec des raffinements dont nous sommes bien loin d'avoir compris la subtilité [5] ». Ces multiples couplages permanents composent et décomposent des rapports dans un flux permanent, de sorte que ce que nous percevons comme étant des discontinuités n'est en réalité que l'émergence de fonctionnements discrets, de singularités, qui impriment des tendances, des qualités et des sens de circulation à ce flux, sans pour autant provoquer de véritables discontinuités dans l'étendue.

Ainsi, les discontinuités que nous pouvons repérer n'existent que pour et par les phénomènes émergents. La neurophysiologie, à l'heure où l'imagerie médicale permet enfin de comprendre de façon très précise certains mécanismes qui jusqu'alors restaient cachés, confirme ce qui paradoxalement, sans aucune relation ou articulation, existait depuis toujours comme préoccupation dans la philosophie de la perception, à savoir que les différentes espèces partagent des espaces perceptifs.

Cette constatation, qui pour le lecteur distrait pourrait passer pour un simple constat de diversité, a la conséquence formidable de mettre en évidence que cet espace perceptif, que nous nommons ici « substrat perceptif », ne renvoie pas à un niveau ontologique, à aucun socle ontologique existant. Le monde, pour ainsi dire, n'existe pas comme forme dernière à découvrir, voilà l'axiome sur lequel se fonde notre hypothèse de base : il n'y a pas une ontologie cachée, inaccessible, qui attend le développement d'une épistémologie. Pour nous, l'épistémologie est ontologiquement fondée.

---

5. Alain BERTHOZ, *Le Sens du mouvement*, *op. cit.*, p. 87.

Une affaire de conscience

Un soir, à Buenos Aires, un chauffeur de taxi, après ses treize heures de travail, décide qu'il en a fait assez et de rentrer chez lui. Il prend le chemin de son domicile, du centre de la capitale jusqu'à Lanus, dans la banlieue. Tout d'un coup, un homme visiblement très fatigué lui fait des signes. Le chauffeur s'arrête et lui demande où il veut aller ; sa destination étant proche de Lanus, le chauffeur, malgré la fatigue, accepte cette dernière course.

Le chauffeur se met en route. Or, peu de temps après, le passager s'endort et se laisse glisser sur la banquette arrière. Le chauffeur, épuisé par la fatigue et ne voyant plus son client dans le rétroviseur, oublie son existence, ce qui fait qu'en arrivant au point où il devait tourner à gauche pour le conduire où il allait, il prend automatiquement à droite, comme il le fait chaque soir quand il rentre chez lui. Il arrive à Lanus, et ce n'est que quand il s'apprête à garer la voiture dans son garage qu'il s'aperçoit que sur la banquette arrière dort, tranquillement, son passager. Que faire ? Le chauffeur n'hésite pas longtemps ; il reprend le volant jusqu'à Avellaneda, et une fois à destination, réveille le client pour lui annoncer qu'il est arrivé.

Par ailleurs, en constatant son erreur, le chauffeur avait coupé le compteur chez lui, donc le prix de la course correspondait à ce que le passager avait l'habitude de payer pour ce trajet. Cette histoire permet d'imaginer plusieurs modèles épistémologiques. D'abord, si on identifie complètement l'homme, comme nous avons l'habitude de le faire, à sa conscience et à sa mémoire, on peut en déduire que le passager n'a jamais été à Lanus : aucun souvenir, aucune trace mnésique ne témoigne de ce voyage. Plus encore, ce point de vue nous permet même de demander à partir de quel niveau on considère que cet homme, en tant que « soi », commence à exister : son corps, ses cellules, ses parties extensives ont été à Lanus, mais, en même temps, ces mêmes parties extensives, tout ce qui compose l'être de cet homme, étaient alors absentes, désactivées.

À l'inverse de cette situation, nous pouvons imaginer un autre personnage qui, sans sortir de chez lui, consulte un site Web lui permettant de « visiter » toutes les rues, tous les coins et les recoins de Lanus. Cette personne, après son expérience virtuelle, aura inscrit dans sa mémoire une série de traces, toutes en relation avec cette banlieue. Si notre premier homme, le passager, a été à Lanus sans que rien ne lui permette d'accéder à cette information, le second, en revanche, possède une série d'informations conscientes sur la ville, même si son corps n'y a jamais été. Pour ce qui concerne le passager, les parties extensives qui constituent son corps ont, malgré tout, composé ; elles ont fait des couplages avec d'autres parties extensives. Le passager n'a pas « aperçu » le détour, mais, aux niveaux des perceptions, ce que Leibniz présentait dans l'exemple des gouttelettes, il a « perçu » le voyage, sans jamais « s'en apercevoir » consciemment.

Nous pouvons en effet imaginer que le corps du passager a été victime d'une radiation en passant près d'une usine toxique au cours de son détour, ou bien qu'il a contracté une maladie en étant en contact avec un virus à l'entrée du garage du chauffeur. Ainsi, les perceptions non conscientes constituent la plus grande partie de la vie d'un homme, même s'il aura tendance à identifier la multiplicité qui compose son corps et son être avec la seule partie congrue qu'on appelle la conscience et qu'en épistémologie nous pouvons associer au « point de vue de nulle part ».

Notre internaute, celui qui, assis devant son écran, cumule des informations conscientes sur Lanus, s'approche encore un peu plus de cet idéal occidental de l'individu, celui qui réduit le multiple de l'être à son identification au « moi » conscient. Dans l'idéal « conscient », tout se passe comme si la seule unité qui pouvait exister était celle que nous pouvons délimiter et déterminer par le niveau de l'aperception consciente.

Pourtant, dans le cas du voyageur endormi, on peut imaginer que son corps, avec l'aide trompeuse de sa conscience, arrive par exemple à réadapter l'information qui aura créé une déstabilisation repérable par le système nerveux central, dans la mesure où cette déstabilisation peut être identifiée comme telle. Mais le voyage, comme les événements qui s'inscrivent aux niveaux sous-corticaux, ne sera jamais reconnu par la conscience ni inscrit comme tel par la mémoire. Néanmoins, pour le soubassement corporel, pour l'extensif, le voyage aura été bien réel avec ou sans l'intervention de la conscience. Et la connaissance du passager sera quand même une réalité (non accessible à la conscience) qui, d'une façon ou d'une autre, interviendra dans le soubassement de son corps réel – même si l'homme, identifié entièrement avec sa conscience, continuera à garder, dans sa vie de tous les jours, un rapport diminué avec lui-même, avec son existence.

Pour le voyageur virtuel, en revanche, les informations conscientes qu'il aura acquises en regardant l'écran ne pourront pas modifier son corps, son être au monde, ou ne le feront que de façon très marginale et à condition qu'elles s'accouplent à des expériences vécues par la personne. C'est pourquoi, si rien dans notre expérience concrète ne fait « écho » à une information, cette information restera, aussi spectaculaire qu'elle soit, colonisée et assimilée à ce que la personne a réellement vécu. C'est la raison pour laquelle certaines informations vont pouvoir faire « effet de vérité », c'est-à-dire, changer quelque chose dans notre mode d'être, tandis que d'autres resteront (au-delà, donc, du contenu) assimilées à de simples faits, c'est-à-dire à des continuités non marquantes.

Une épistémologie ontologique

Nous sommes revenus à plusieurs reprises à l'affirmation de Goethe : « Il n'y a rien derrière les phénomènes... » Il s'agit maintenant de tirer une des nombreuses conséquences de cette position philosophiquement très radicale. Celle-ci évoque bien sûr Héraclite, avec son identification de l'être et du devenir ; on peut y voir aussi une claire inspiration néoplatonicienne : pour les philosophes de cette mouvance, on l'a vu, l'être se définit comme l'activité de l'étant qui coïncide avec son essence.

Puisque l'être est devenir, l'activité est par conséquent une « recherche » de l'être, c'est-à-dire une épistémologie qui tenterait d'approcher le territoire lointain (mais certain) de l'ontologie. Historiquement, le moteur de la connaissance a été une certaine mélancolie, un peu comme si la connaissance cherchait à s'unir avec le connu, sans que l'homme se rende compte que c'est dans la mélancolie même que peut se déployer toute joie de la connaissance. Comme dit le poète Cavafy, peu importe Ithaque, ce qui compte, c'est le chemin qui y mène...

L'abandon de la croyance dans un socle ontologique que la connaissance pourrait chercher peut nous permettre de dépasser, finalement, certaines apories de la théorie de la perception. Revenons pour cela à l'irruption de la physique nouvelle au XXe siècle, avec Heisenberg et Einstein entre autres, qui a représenté une rupture dans l'unité de la physique elle-même : les lois de la physique jusque-là considérées comme « universelles » furent questionnées par l'irruption de la microphysique et du monde qu'elle mettait en lumière. On sait le déferlement de subjectivisme qui a accompagné ces travaux, en général chez les profanes qui croient voir là une sorte de « révélation » scientifique de l'importance de leur petite personne, de leur subjectivité : pour eux, s'il n'y a pas une loi physique universelle, si le réel n'est pas à dévoiler et déjà là, n'importe quelle opinion a la même valeur que celle d'Einstein… Ce fut la fête du narcissisme individualiste.

Or, le fait que la théorie de la gravitation universelle de Newton ne soit pas vraie « dans tous les mondes possibles » ne la rend nullement « subjective » ou fausse, mais seulement, comme dirait Karl Popper, « régionale ». Elle est toujours vraie dans certaines conditions et dans cette situation-là, et non pas dans une autre ; ces conditions, cette situation, comme la loi en question, restent absolument objectives. Que certains modèles stochastiques soient dans certaines situations plus exacts que des modèles déterministes classiques ne veut pas dire non plus que, dorénavant, le hasard soit total et ravageur et que tout savoir objectif serait pure illusion.

Depuis notre « point de vue » épistémologique, dans la macrophysique comme dans la microphysique, nous sommes dans le même cas de figure, sauf que, comme nous l'avons vu, dans la première, nos organes corporels (sans béquilles) produisent les images dont rend compte la physique de Newton, alors que dans la microphysique nous avons besoin des prothèses techniques. La question centrale reste donc que, dans les deux cas, nous n'avons pas affaire avec un soubassement plus ou moins concret, plus ou moins stable. Dans les deux physiques, il s'agit finalement du même substrat perceptif, à partir duquel des couplages multiples et plus ou moins complexes permettront l'émergence de nouveaux niveaux de réalité, c'est-à-dire de nouveaux niveaux d'« être ».

Il est tout à fait compréhensible que ces nouveaux niveaux et dimensions soient interprétés comme des découvertes, car nous touchons des mondes qui jusque-là nous étaient « interdits ». Je peux, en toute légitimité, « découvrir » le tableau que je viens de peindre, mais je dois me garder d'adhérer à l'idée aristotélicienne que ce tableau aurait été là depuis l'éternité. Il s'agit de ne pas confondre ce que je « découvre » comme image émergente (du fait qu'elle existe maintenant dans mes niveaux d'aperception) avec sa projection extérieure qui, toujours dans l'après-coup, me fera croire que, depuis mon intérieur, je viens de dévoiler un extérieur qui était déjà là. En somme, il faudrait ne pas se laisser éblouir autant par la technique. Car s'il est vrai que les différentes « prothèses » techniques nous permettent l'accès à certains possibles, à certains phénomènes, le piège réside à la fois dans leur utilisation et la dépendance qu'elles créent en nous, qui nous coupent d'une infinie quantité de dimensions que nous perdons, oublions ou écrasons.

Par exemple, on pourrait constater qu'il peut exister, entre un homme et un chien, un rapport tel qu'il émerge de leur lien une certaine dimension « perceptive » nouvelle qui n'existait ni chez l'un ni chez l'autre isolément. Nous savons comment les animaux, pour peu que nous soyons attentifs, nous permettent de savoir si un orage arrive, peuvent nous prévenir d'un tremblement de terre, d'un changement climatique et d'une série de choses que seulement dans notre intimité/amitié avec eux nous pouvons approcher. En réalité, l'ensemble de la nature – pas seulement les animaux, mais aussi les plantes et même des objets non vivants – offre à l'homme (nous devrions dire, l'invite à) la possibilité de ces couplages permettant de nouveaux niveaux d'existence.

Le monopole de la technique n'a pas seulement coupé l'homme de cette amitié partagée, elle l'a coupé de lui-même, car nous ne connaissons plus notre propre corps. Le corps formaté par la technique, par la société de l'utilitarisme est devenu pour nous « muet » : nous n'avons de lui que, pour ainsi dire, de mauvaises nouvelles, ou bien des bonnes seulement quand il accepte le dressage utilitariste que la société (à travers nous) lui impose.

Que nous n'ayons plus accès à ces dimensions-là implique que, petit à petit, elles cessent purement et simplement d'exister. L'homme de la technique n'est plus le même homme que celui qui savait entretenir une certaine amitié avec la nature, mais aussi avec lui-même, avec sa propre fragilité.

Nous avons vu que la théorie de l'émergence ne peut pas être assimilée à une théorie adaptative, du genre évolutionniste ou téléologique. Les formes et qualités émergentes ne sont en aucun cas des réponses adaptées à des problèmes posés par l'environnement, mais, bien au contraire, des réponses internes dues à des ruptures dans la stabilité du système, lesquelles n'ont pas de rapport de *feedback* avec l'extérieur. Ainsi, à la suite de ces changements intérieurs du système, s'établiront des couplages, plus ou moins bons, avec les autres organismes et objets de l'environnement. Cela veut dire qu'une « adaptation », quand elle existe, ne se fera que de « surcroît », et elle sera plutôt constatable par un observateur extérieur.

Cela reste difficile à assumer pour le sens commun, étant donné que la « réalité extérieure du monde » nous paraît aussi évidente et incontestable que, par exemple, la dureté du sol en cas de chute. Nous avons, la plupart du temps, la sensation immédiate d'être en contact direct avec des objets autonomes appartenant à un monde extérieur, mais nous avons vu que c'est surtout la proximité de composition physiologique avec les espèces qui nous sont proches qui nous confirme dans cette illusion de l'existence d'un monde extérieur, de son objectivité et permanence. Cependant, ce n'est pas parce que mon corps peut construire, à partir d'un substrat perceptif, des images propres aux qualités physiologiques de mon espèce que je peux en déduire que je constate là des qualités intrinsèques de ce substrat.

Par exemple, les humains n'ont pas les moyens physiologiques pour enacter des images, des « perceptions », qui tiennent compte de certains rayonnements du soleil (infrarouges et ultraviolets), alors que ces rayonnements, eux, peuvent avoir une incidence certaine et concrète sur la vie humaine et qu'ils peuvent être captés à l'aide d'instruments. Nous dirons alors que ces radiations sont très réelles, et que nous devons donc établir des conduites adaptées pour nous en protéger si nécessaire. Nous pouvons aussi imaginer que des millions d'autres dimensions seront ainsi dégagées du soubassement dans les siècles à venir, et qu'elles pourront, peut-être, élargir nos dimensions d'existence. Cet éventuel élargissement, redisons-le, n'est pas à imaginer sous la forme de la conquête d'un réel qui aurait été toujours là, mais comme la possibilité de construction d'un phénomène humain plus riche, plus large. Le soubassement de la table ou du sol contre lequel on se cogne n'a pas un statut ontologique différent de celui des rayons qui nous sont inaccessibles sans l'aide de prothèses techniques.

Toutes sortes de mauvais couplages nous montrent, au quotidien, qu'il ne s'agit pas là d'un chemin ascendant de l'humanité vers un accomplissement. Le problème avec le progrès, en paraphrasant Rousseau, est qu'on sait ce qu'on gagne, ou, du moins, on croit le savoir, mais on ignore ce que de ce fait même on perd. Que le couplage relève de mécanismes autonomes, non centralisés par l'organisme dans son ensemble, explique par exemple comment, pour certains insectes, le couplage entre leurs capteurs de lumière et une flamme conduit fatalement à la mort de l'animal. Et cela non pas à cause d'un « dysfonctionnement » mais, tout simplement, par le fonctionnement naturel et normal d'un mauvais couplage lequel, ne correspondant pas à une centralité, met l'animal en danger. Cela n'est pas très différent chez les humains, pour lesquels la recherche insatiable de confort individuel met en évidence des centaines de mauvais couplages qui vont contre les possibilités de survie de l'espèce. La pollution de l'environnement, les conduites d'addiction, la recherche du risque : nous n'avons pas besoin d'aller chercher trop loin pour trouver des dizaines d'exemples de situations que leurs protagonistes eux-mêmes sont bien d'accord pour considérer comme nocives.

Ces conduites, comme celle de l'insecte qui ne peut pas s'empêcher de se brûler, relèvent souvent de circuits et de couplages autonomes, qui seulement dans l'après-coup prennent, par un forçage, un caractère symbolique. Pour comprendre cette véritable fondation d'une nouvelle phénoménologie qui réside au cœur de la théorie de l'émergence, il est fondamental de concevoir les images enactées non pas comme de simples « images », mais comme ce qui constitue le travail interne de tout organisme. Disons-le encore une fois : tout organisme doté d'une clôture opérationnelle, c'est-à-dire, tout organisme qui, en constituant un pli dans l'étendue, fonctionne non pas par rapport à une dynamique de *feedback* avec le milieu, mais par rapport à des interactions propres et intérieures, construit, en permanence, des images.

Dans un second temps, ces images établiront des couplages, plus ou moins « heureux », avec celles qui sont produites par les autres organismes du paysage auquel appartiennent les organismes en question. Les surfaces de couplage qui constitueront des êtres et des niveaux d'existence complexes et partagés sont, par conséquent, elles aussi, le résultat du fonctionnement des organismes eux-mêmes. Ainsi, pour revenir à notre premier exemple, le rapport de dureté d'un objet, à l'instar des images visuelles, nous informe non pas de la « dureté » en soi de l'objet, mais de la composition des corps par rapport auxquels cette « dureté » du soubassement deviendra tangible, expérimentable.

« Des tortues jusqu'en bas »

Dans une intervention au colloque de Cerisy sur l'auto-organisation en 1981, la philosophe Isabelle Stengers a raconté une anecdote qui illustre à quel point est pourtant pressant le besoin de rechercher un soubassement du soubassement, un soubassement final : « Un jour que le philosophe William James, qui s'adonnait, à ses heures, à la vulgarisation scientifique, venait d'expliquer dans une petite ville de province américaine comment la Terre tourne autour du Soleil, il vit, dit l'anecdote, venir vers lui une vieille dame à l'allure décidée. Qui l'interpella, paraît-il, en ces termes : “Non, la Terre ne bouge pas, car c'est bien connu, elle est incrustée sur le dos d'une tortue.” James décida d'être courtois et demanda sur quoi, dans cette hypothèse, reposait la tortue. La vieille répartit sans hésiter : “Mais sur une autre tortue, cela va de soi.” Et James d'insister : “Mais la seconde, sur quoi repose-t-elle ?” Alors, conclut l'histoire, la vieille, triomphante, croassa : “Pas la peine, Monsieur James, ce sont des tortues jusqu'en bas (*all the way down*) [6].” »

---

6. Isabelle STENGERS, « Des tortues jusqu'en bas », *in* Paul DUMOUCHEL et Jean-Pierre DUPUY (dir.), *L'Auto-organisation. De la physique au politique*, Seuil, Paris, 1983, p. 37.

L'histoire rapportée par Stengers a un effet comique, cependant nous connaissons tous un certain Aristote qui nous a expliqué qu'il y a un moteur, qui meut un moteur, lequel à son tour meut un autre moteur… et ainsi de suite, jusqu'au moteur immobile ; autant dire… jusqu'en bas. Ce n'est pas là autre chose que la tentation de toute métaphysique d'arriver « jusqu'en bas »… À chacun son idée de ce que nous trouverons « en bas », mais le geste reste le même pour tous les courants philosophiques qui partent du phénomène ; que ce soit le moteur immobile, ou le constat que si « je pense », « je suis »… Ce n'est qu'en acceptant une cohabitation du connu avec l'inconnaissance, comme chez Damascius et les néoplatoniciens, que l'on arrive à renoncer à… aller jusqu'en bas. Ainsi, au lieu de nous engager dans une nouvelle recherche du « en bas », nous devons faire le constat objectif d'une série de mécanismes et de fonctionnements qui, depuis une radicalité phénoménologique, acceptent au cœur du discours l'ineffable, au cœur du visible l'invisible, et au centre de la procession ontologique le non-être.

6

Et moi et moi ?

Nous sommes donc arrivés à un point délicat. La déconstruction des mécanismes classiques de la perception implique en effet, nous l'avons vu, la déconstruction du sujet de la perception, du sujet de la connaissance. Ainsi, si la question classique autour de la possibilité de la connaissance était de savoir comment et dans quelles conditions on pouvait connaître quelque chose du monde, et jusqu'à quel point on pouvait faire confiance à nos sens pour y arriver, dorénavant nous allons abandonner, purement et simplement, ce champ d'interrogation.

Déconstruire le sujet de la perception

Le point de départ de l'épistémologie classique fut constitué par un déplacement historique dans la philosophie, quand, laissant derrière elle la question de l'être, elle choisit de s'occuper presque exclusivement de la question du connaître. Dans ce nouveau dispositif, nous étions face à un sujet qui se posait la question de son accès à la connaissance d'un objet qu'on pourrait appeler, comme chez les classiques, « objet X ». Or, maintenant, en déconstruisant les mécanismes mêmes de la perception, nous avons, pour ainsi dire, perdu chemin faisant le sujet, celui qui, en partant de la certitude de son existence – le fameux

« Je pense… » –, se posait des questions sur l'« objet X » et sur le monde.

Que reste-t-il, alors, du moi ? Pour Pascal, le moi est « haïssable » ; pour les sagesses et philosophies orientales, sources profondes de la pensée, le moi est « maya », illusion. Et, plus proche de nous, Marcel Mauss écrit : « Une chose peut vous avertir de la tendance de ma démonstration, c'est que je vous montrerais combien est récent le mot philosophique "le moi", récents la catégorie du moi, le culte du moi (son aberrance) et récent le respect du moi [1]. » Ce « moi » que nous appelons ici l'« individu », pour l'opposer à la catégorie que nous allons déployer comme la « personne », cet individu que Mauss présente comme « aberrant » coïncide avec la conception d'un sujet qui se veut au-delà des situations qu'il habite, sujet auto-extrait du monde, qui regarde et manipule le monde comme s'il s'agissait de son objet.

Nous ferons alors référence au concept d'individu, dans la connotation qu'il a prise dans l'Occident ces derniers siècles, sans pour autant ignorer qu'il était, au début de son histoire, un concept porteur de valeurs et d'expériences diamétralement opposées à celles qu'il a fini par incarner. Le concept d'individu, développé par les nominalistes, connut sa « naissance officielle » au XIIe siècle avec Pierre Abélard, pour qui l'individu était loin d'être ce qu'il est devenu, cette instance qui se prétend coupée du monde, qui se croit d'autant plus libre que, comme l'écrit Spinoza, elle ignore ses chaînes. Pour Abélard, l'individu était la figure même de l'émancipation et de la responsabilité. Si l'individu de notre temps se prétend sans liens, sans traces, « libre » de parcourir un monde qu'il prend pour un décor, peuplé d'humains qui ne sont que les figurants de leur propre « film », pour Abélard, au contraire, l'individu était cette unité, cette singularité ontologique qui est responsable du monde, responsable des liens, capable, comme il le fut lui-même, de tourner courageusement le dos à tout dogme, y compris celui de l'Église, pour penser et assumer son destin sans céder à la mauvaise foi d'une prétendue obéissance.

---

1. Marcel MAUSS, « La notion de personne », *in Sociologie et anthropologie*, PUF, Paris, 1999, p. 334.

Ce qui est aujourd'hui devenu un désir velléitaire de liberté abstraite de la part des individus était pour Abélard, au contraire, une assomption de la liberté comme destin – alors que, pour nos contemporains, le destin apparaît comme étant entièrement opposé à toute conception de la liberté. Il faut bien faire la distinction entre les différents contenus, souvent contradictoires, que le concept d'individu a recouvert et recouvre aujourd'hui. Ainsi, quand nous entendons parler de défense des individus dans le sens « classique » de défense de la liberté de penser ou d'agir, nous reconnaissons la défense des valeurs universelles, justement non individualistes, dont la personne humaine est porteuse. À l'inverse, quand nous parlons ici d'individu, nous faisons référence à cette figure moderne qui se veut séparée du monde, qui se vit elle-même comme une sorte d'épopée privée. Ce sujet-là est si fortement identifié avec sa conscience que, même si au fil du temps on a annexé à cette conscience des « dépendances » plus ou moins complexes (comme l'inconscient), aucune de ces mises en cause de l'identification du sujet avec sa conscience n'a vraiment réussi à déconstruire la perspective selon laquelle le sujet est une entité qui s'auto-fonde.

Pour avancer dans la déconstruction de cette figure, il est intéressant d'évoquer le tableau d'Escher, *The Magic Mirror*, dans lequel nous voyons un jeune homme qui regarde un tableau accroché au mur. Sur le tableau il y a une série de choses : un navire, des maisons, plus loin l'entrée d'une galerie d'art, et un peu plus loin encore, le jeune homme, lui-même, qui regarde le tableau. Peut-être cette image, qui représente la réintroduction du sujet dans le tableau, illustre-t-elle exemplairement la fin de l'illusion humaine d'être un empire dans l'empire : car, nous avons bien raison de le soupçonner, le visiteur qui regardera le tableau d'Escher sera, lui aussi, du fait même de l'enaction, incorporé au phénomène à travers lequel lui et le tableau émergent. Le miroir magique d'Escher nous rappelle ainsi que dans le regard nous sommes dans un processus, et non pas dans un état, et que, du moment où nous regardons le tableau, nous sommes engagés à notre tour à prendre conscience du processus dont nous faisons partie.

Quand nous parlons de déconstruction du sujet de la perception, nous ne sommes pas simplement en train de remodeler certains concepts neurophysiologiques. Bien au contraire, la déconstruction s'attaque frontalement à la constellation sujet/conscience, monde/corps, celle qui a ordonné et produit un univers, un ordre social et une vision du monde qui furent et restent dominants en Occident. Elle s'attaque à l'hypothèse de l'existence d'un sujet auto-extrait du monde, selon laquelle le sujet est une sorte d'unité, de structure fractale, qui se reproduit dans une véritable invariance d'échelle, au point que dans tous les niveaux de notre société et de notre culture nous retrouvons le même schéma sujet/objet, conscience/corps, comme fondement et justification d'un ordre, d'un sens et une hiérarchie.

L'individu, en tant que sujet séparé du monde, est ainsi un véritable « mythe » anthropologique, relevant d'un récit et de formes concrètes de vie. L'individu devenu mythe justifie un ordre, explique une certaine conception de l'univers et produit des savoirs fondés sur l'hypothèse de son mode de vie et de son rapport au monde. Nous concevons ainsi la politique, l'économie, la vie quotidienne, le monde des affects, notre rapport avec nous-mêmes à partir de cette grille d'analyse qui fait médiation permanente entre ce qui nous arrive et notre manière d'agir.

Pour nous, pourtant, dans notre travail, il est important de pouvoir s'éloigner de ce qui apparaît comme une évidence immédiate, le fait que les individus existent. En accord avec Plotin et certains chercheurs contemporains en neurophysiologie, notre question est donc de savoir comment il est possible qu'existe, en ce qui concerne le soi, cette étonnante sensation de permanence. Comment malgré les innombrables changements, existe, malgré tout, une unité ? Où se trouve-t-elle et sur quoi se fonde-t-elle ? D'un point de vue philosophique, et peut-être aussi psychologique, l'idée même de l'unité de soi pose problème, comme le souligne Pierre Hadot : « Tout le paradoxe du moi humain est là : nous ne sommes que ce dont nous avons conscience, et pourtant nous avons conscience d'avoir été plus ous-mêmes dans les moments précis où, nous haussant à un niveau plus élevé de la simplicité intérieure, nous avons perdu conscience de nous-mêmes [2]. » Cette expérience d'être le plus proches de nous-mêmes, que nous avons tous connue, est

---

2. Pierre Hadot, *Plotin ou la simplicité du regard*, PUF, Paris, 1985, p. 40.

toujours récit dans l'après-coup, trace qui fait référence aux moments où nous nous sommes oubliés.

La question de l'unité du moi

Dans le sens commun, l'unité du moi renvoie au fonctionnement que nous mettons en jeu en exerçant nos différents rôles sociaux, quand nous sommes dans la possibilité de réaliser ou d'obtenir ce que nous voulons. Moments dans lesquels, si nous éprouvons une satisfaction, elle est le plus souvent liée au fait même d'avoir réussi à obtenir ce que nous voulons qu'à la chose obtenue. Se sentir maître des situations que nous habitons, obtenir ce que nous voulons paraît être une évidente source de plaisir. À ceci près que, comme le rappelle Leibniz, on pourra peut-être obtenir ce que nous voulons, mais qu'il nous restera toujours impossible de vouloir ce que nous voulons... Voilà, peut-être, une façon de formuler l'irréductible distance qui nous sépare de nous-mêmes, et qui trouve sa raison dans le fait que nous ne sommes jamais à l'origine de la résultante, de l'émergence qui constitue cet autre fonctionnement, ce « vouloir premier », si différent du deuxième vouloir, celui qu'il nous est donné d'obtenir ou pas.

Vouloir, dans son sens premier, n'est pas ici à comprendre comme un arbitraire quelconque, mais comme ce destin dans lequel nous sommes « embarqués », celui qui oriente et ordonne nos vies, nos appétits et nos désirs. Puisque nous sommes traversés par une sorte d'axe intérieur – même si, du point de vue du moi et de la conscience, il est plutôt perçu comme une force extérieure –, nous sommes forcément au plus près de nous-mêmes non pas quand nous suivons les envies associées à notre rôle social, mais quand quelque chose de ce « vouloir qui nous fonde » est à l'œuvre à travers nous. Or voilà que, la plupart du temps, nous nous situons, par rapport à ce vouloir-là, dans une « deuxième place » – ce qui explique que l'exil soit la condition profonde de nos vies, et que nous vivons avec la sensation de faire ce que nous faisons toujours *après* que les jeux sont faits.

L'unité du soi, même dans sa dimension illusoire, n'est pas aussi évidente que nous aimerions le croire. Plotin, en faisant de cette question un des axes principaux de ses *Ennéades*, affirmait déjà que nous ne pouvons jamais déterminer avec certitude jusqu'où c'est de nous qu'il s'agit. En effet, étant donné la continuité fondatrice de l'étendue, comment est-il possible que nous soyons capables de reconnaître nos propres parties extensives, comme étant séparées et distinctes de l'ensemble qui nous entoure ? Par quels mécanismes arrivons-nous à reconnaître nos membres, par quels mécanismes proprioceptifs arrivons-nous à l'expérience du moi comme permanence ? Cette expérience, nous le savons, disparaît tout simplement dans nombre d'états morbides, dans lesquels le malade ne peut plus, par exemple, reconnaître son visage dans un miroir ou reconnaître ses membres comment lui appartenant. La prétendue unité disparaît aussi, au moins temporairement, dans de nombreux états modifiés de conscience dus à l'hypnose, l'alcool, l'utilisation de drogues, ou encore dans un des multiples états sous-hypnotiques qui constituent une bonne partie de notre journée. Parallèlement, nous connaissons aussi les phénomènes de « membres fantômes », appelés aussi de « résilience » dans la neurophysiologie moderne, où la personne amputée continue à sentir le membre qui est pourtant absent, grâce à la capacité du système de récupérer une stabilité globale à la suite d'une mutilation partielle.

Encore plus étonnants peuvent paraître certains mécanismes visiblement très éloignés de la conscience et la mémoire, comme ceux relevant de l'immunologie. Comment est-il possible que nos anticorps, nos mécanismes immunitaires soient capables de reconnaître des corps étrangers à notre corps ? Quelles sont donc les bases de l'unité d'un corps, d'une colonie de cellules, ou de la colonie de fourmis dont nous parlions plus haut ? L'idée qu'il existerait, par exemple, un « soi » immunologique est au moins aussi intéressante ou mystérieuse que celle selon laquelle il y aurait une individuation psychique. En même temps, penser qu'il y a un soi corporel, comme il y aurait un moi psychique, imaginer que la mémoire symbolique (consciente ou pas) puisse être mise en parallèle avec la mémoire du corps irait tout simplement contre la croyance de la séparation corps/âme, esprit/matière, si chère à notre tradition classique.

Or l'unité immunologique ne relève pas d'une simple distinction entre le soi et le non-soi comme s'il s'agissait là de deux entités à tenir à l'écart. Le système immunitaire est un système éminemment dynamique, qui se maintient en permanente interaction interne, recevant sans arrêt des stimuli qui proviennent de lui-même. Ainsi, quand une molécule étrangère n'est pas reconnue comme ayant la « carte du club », elle interfère, tout simplement, dans le fonctionnement du système lymphoplasmocytaire. Ne pouvant interagir avec le système qu'elle aura pénétré, la molécule étrangère sera interprétée comme du « bruit » dans ce système.

Nous devons reconnaître ici ce que nous avons présenté comme l'émergence d'un système autonome, c'est-à-dire d'un système qui ne détermine pas une rupture ou une discontinuité dans l'étendue, mais qui existe comme un pli dans un processus marqué par la genèse d'une structure et d'un fonctionnement. Nous avons décrit cette structure comme une forme qui, tout en ayant son autonomie ontologique par rapport au soubassement, est pourtant en interdépendance permanente avec lui. Ici, la théorie de la structure ne s'oppose en rien à l'existence d'un fonctionnement qui, tout en correspondant à une forme concrète et sans casser l'unité du soubassement, inscrit dans une portion discrète de celui-ci un fonctionnement obéissant à une structure de renvois internes. Il faut bien voir que, dans les chemins que nous empruntons, il n'y a pas d'opposition entre le fait de constater l'existence des structures qui relèvent des fonctionnements concrets, identifiables par des formes et des contours du pli en question, et l'approche phénoménologique.

L'autonomie ontologique, nous l'avons déjà expliqué, n'est pas en contradiction avec le fait de son interdépendance avec son propre soubassement, ainsi qu'avec d'autres niveaux d'émergence. Autonomie implique l'existence des systèmes dynamiques qui ne sont pas réductibles les uns aux autres, dont chacun a son mode d'existence propre, lesquels sont dans un rapport de renvois permanents. Une fois encore, ces systèmes sont autonomes dans la mesure où ils comportent un fonctionnement et une structure propres, même s'ils s'accouplent avec d'autres organismes pour donner naissance à des êtres complexes.

Ainsi, dans l'exemple du fonctionnement du système immunitaire, il n'y a pas une réaction de *feedback* directe avec un corps étranger, mais un rapport au fonctionnement intérieur, au modèle autonome, lequel, une fois dérangé, essaiera de rétablir sa stabilité. Ce qui constitue l'élément central dans le mécanisme immunitaire, c'est le caractère autoréférentiel de son fonctionnement, le fait que la réaction immunitaire n'est pas le résultat d'une action que l'organisme déclenche pour se défendre d'un hôte indésirable (cela, c'est le récit en extériorité), mais la conséquence d'un automatisme du système qui cherche en permanence à garder, ou à rétablir, sa stabilité par une série de comportements simples du type essai/erreur, parmi lesquels peut ou non émerger la bonne « réponse ».

L'unité paradoxale de la personne

Le système immunitaire se comporte donc de façon similaire à celle décrite par Varela au sujet du système nerveux central : « Il ne recueille pas mais impose une information à l'environnement [3]. » Cette propriété grâce à laquelle, à partir d'un soubassement, émergeront des formes autonomes et dynamiques, avec une distinction du type « soi/non-soi », correspond à ce que Varela nomme « clôture opérationnelle », et que nous avons déjà décrit comme une unité dynamique dans laquelle un être n'existe pas simplement en interaction avec l'environnement, mais surtout en interaction avec lui-même. L'émergence d'un organisme implique donc ce « pli », cet auto-retournement à partir duquel un « soi » commence à fonctionner, et cela beaucoup plus par rapport à ses propres qualités internes que sous n'importe quelle détermination de l'environnement. L'organisme émergent n'établit donc ni une coupure, ni un « au-delà » par rapport à l'étendue, mais un pli, un nouveau pli de l'étendue sur elle-même.

Ce mécanisme d'émergence des niveaux d'organisation autonome est, pour les êtres vivants, un mécanisme à plusieurs étages, et chacun de ces étages est donc le « QG » duquel les autres dépendent. Philosophiquement, aucun de ces niveaux n'est en capacité de se réclamer comme niveau ontologique à

---

3. Francisco VARELA, *Autonomie et connaissance*, *op. cit.*, p. 154.

partir duquel l'être de l'ensemble existe. Nous ne sommes pas ici dans une philosophie « de l'être et de l'étant », mais de l'être comme un processus dans lequel la participation de chaque multiple, de chaque partie à « l'un » ne fait aucunement référence à une instance unificatrice qui existerait, elle, dans une place privilégiée, d'où elle pourrait se permettre de surveiller l'ensemble. À chaque niveau, la participation à l'un est donnée par un fonctionnement, par une dynamique, ce qui veut dire que cette participation unifiante existe comme totalité diffuse dans chaque partie. Encore une fois, l'image du cercle qui a son centre partout et sa circonférence nulle part s'adapte, tout compte fait, assez bien à cette réalité ontologique.

À l'instar de certains théologiens du Moyen Âge, qui cherchaient dans le corps où pouvait bien se cacher l'âme, nos contemporains cherchent où peut bien se loger le « moi », le sujet humain. Où est moi, pourrions-nous demander en nous regardant dans une glace, ou en examinant un scanner de nos fonctions vitales. Où me caché-je ? Mais l'utilisation même du pronom « je » est déjà l'aveu d'un « pas de trop », puisque ce ne serait surtout pas dans l'instance consciente que se trouverait la cachette de l'unité qui fait de moi une singularité. Ainsi posée, la question met en évidence le caractère radicalement divisé de celui qui, néanmoins, s'autodésigne comme l'« individu », c'est-à-dire le non-divisible.

Imaginons pour un moment la scène dans une salle de torture ; imaginons la morbidité du tortionnaire, l'extrême fragilité du supplicié. Le tortionnaire, sans le penser de la sorte, adhère pourtant à la théorie des niveaux d'émergence, c'est-à-dire à la multiplicité comme fondement de l'être. Il y a devant lui un résistant, un homme ou une femme qui a fait preuve non seulement d'un certain courage physique, mais aussi d'intégrité morale et de cohérence idéologique. Alors il tourmentera le corps, et en faisant cela la phrase tacite, mais centrale sera : « Tu parles de dignité, de résistance, de principes ; mais moi, je m'adresse à ton corps, à tes parties extensives, tu prétends être quelque chose de plus élevé, de plus noble, je vais te montrer que ce n'est pas le cas… » Pour le résistant, le dialogue, tacite ou pas, sera à son tour : « Je suis un résistant, certes ; mais mes parties extensives, mon corps, mes organes, eux, ne sont pas vraiment au courant ; mon corps veut une seule chose : que la douleur cesse… »

Si, d'un côté, nous devons éviter l'erreur de croire trop aveuglement dans l'idée d'une unité, d'un individu toujours égal à lui-même qui depuis le poste de commandement situé dans sa tête gouvernerait l'ensemble de sa personne, d'un autre côté, nous devons aussi nous garder de la tentation réductionniste qui pourrait nous emmener vers une dissociation trop radicale, et nous porter à conclure qu'il n'y a aucune unité, et que finalement tout principe philosophique, mathématique ou autre, ne serait que pur imaginaire. L'unité contradictoire de la personne est donnée par le processus permanent de sa réalisation, qui n'abolit pas la différence des états et dimensions, mais qui ne les synthétise pas non plus.

Leibniz s'interroge ainsi sur cette unité sans synthèse : « De plus, par le moyen de l'âme ou forme il y a une véritable unité qui répond à ce qu'on appelle "moi" en nous ; ce qui ne saurait avoir lieu ni dans les machines de l'art, ni dans la simple masse de la matière, quelque organisée qu'elle puise être. » Il évoque plus loin les « premiers principes absolus de la composition des choses » : « On les pourrait appeler points métaphysiques ; ils sont quelque chose de vital et une espèce de perception, et les points mathématiques sont leur point de vue, pour exprimer l'univers [4]. »

Il y a donc à chaque étage, à chaque dimension, à chaque état, la participation au même processus dont l'unité est donnée par l'activité de l'être qui coïncide avec son essence ; et l'essence, loin de relever d'une dimension incompréhensible ou magique, est la singularité qui s'exprime dans chaque mode d'être, la résultante qui est à l'origine de l'existence et qui comporte en elle l'univers. L'identification des cellules et des organes avec notre identité symbolique, comme celle de notre corps avec nos idées, ne fait pas partie d'une réalité mais d'une véritable vision du monde, d'un récit : celui du mythe fondateur de l'Occident. Nous connaissons tous à cet égard les excès de certaines interprétations de la psychologie « psychosomatique », qui prétendent

4. Gottfried Wilhelm Leibniz, *Le Système nouveau de la nature*, Flammarion, Paris, 1994, p. 71.

que le corps parle de la même façon que notre instance symbolique ; nous avons tous rencontré de ces psys qui font d'une rage de dents un message concret, d'un mal de ventre un manifeste...

L'unité ontologique corps/esprit est souvent condamnée par des interprétations réductrices. Indépendamment du fait que ces réductions s'opèrent vers le haut (spiritualisme) ou vers le bas (positivisme), l'acte même de mettre sur des émotions des sentiments, pris eux dans un fonctionnement sémantique, est l'erreur symétrique de celui qui ne voit dans les conflits symboliques que l'expression des molécules. L'unité, paradoxale et contradictoire, existe, mais la croyance en une unité cohérente de l'individu obéit souvent à la logique de celui qui, ayant perdu ses clefs au salon, les cherche dans la chambre parce que celle-ci est mieux éclairée.

Dans le même ouvrage, Leibniz évoque la difficulté de concevoir cette unité paradoxale : « Après avoir établi ces choses, je croyais entrer dans le port, mais lorsque je me mis à méditer sur l'union de l'âme avec le corps, je fus comme rejeté en pleine mer. Car je ne trouvais aucun moyen d'expliquer comment le corps fait passer quelque chose dans l'âme et vice versa, ni comment la substance peut communiquer avec une autre substance créée [5]. »

Si, face à la même question, Descartes se confronte à une aporie, Leibniz, en revanche, remarque que la continuité de l'étendue n'est nullement mise en cause, même si le pli qui exprime une unité, un processus commun, répond à des rapports et à la singularité de la monade. Autrement dit, l'unité anime le processus, mais les parties extensives, en tant que telles, n'ont aucun rapport avec l'unité au-delà du processus qui unifie. Participer à l'unité signifie donc participer au processus, sans pour autant changer la nature ou le mode d'être des parties qui y participent. Simultanément, le fait d'être « participé » ne s'attaque en rien à l'unité.

5. *Ibid.*, p. 72.

L'individu imaginaire

Séparé de lui-même, chaque individu, loin de trouver dans son fond profond l'univers, rencontre le mur étanche qui le sépare de sa propre puissance. Le moi, identifié à jamais à « lui-même » et vidé de toute substance, se perd pour toujours. Par ce simulacre de singularité, l'individu est immédiatement massifié. Faute de trouver finalement la vérité ultime de l'individu, notre civilisation tombe dans le piège de l'identification réductrice et aliénante qui ne voit dans l'ensemble multiple de la personne rien d'autre que le rôle social de l'individu.

Le simulacre est pervers, car il consiste à remplacer par une pseudo-singularité massifiante – constituée par cette identification de chaque personne à son rôle social – la singularité qui nous renvoie à notre essence, à l'universel concret qui nous fonde. Cette posture est soutenue par une sorte de narcissisme qui nous assure d'être d'autant plus « singuliers » que nous nous plions sans contester à la discipline unidimensionnelle. On ne peut donc opposer « individu » à « masse », ce sont les deux faces de la même médaille. Là où il y a un individu identifié à lui-même et à son rôle, et donc coupé de tout universel concret, il y a la masse. Comme le dit Deleuze, « plus je dis je, moins je parle en mon nom ». Toute subjectivation, en ce sens, conduit à une massification.

Ce n'est que lorsque nous aurons accepté d'abandonner cette recherche absurde d'une place unifiante pour le soi, une place pour le QG à partir de laquelle le tout pourrait être gouverné, que nous pourrons commencer à aller vers d'autres rives philosophiques et scientifiques, en laissant derrière nous l'illusion idéologique qui rêve de centres de pouvoir et les représentations de la multiplicité qui prétendraient prendre la place de la multiplicité réelle. La singularité de chaque être ne sera pas donc une question de taxinomie, d'étiquette, mais d'un « point de vue » sur et dans le monde. Un point de vue est une résultante de la multitude des vecteurs et éléments qui composent, de façon infinie, un rapport, une essence. Ce n'est pas quelque chose qui dépend du sujet ou du « libre arbitre » : bien au contraire, il incarne la donne, le destin, ce qui nous compose et à partir d'où tout sujet, tout acte, peut émerger à l'existence.

Avoir un point de vue, exister à partir d'un point de vue, cela veut dire que nous sommes ancrés, que nous sommes ontologiquement liés au tout, aux autres, parce que ce « tout » existe à travers nous d'une façon singulière. Francisco Varela le formule par ces questions : « Comment se fait-il, si nous n'avons pas de soi, qu'il y ait de la cohérence dans nos vies ? Comment se fait-il, si nous n'avons pas de soi, que nous continuions de penser, de sentir et d'agir comme si nous en avions un, cherchant sans fin à renforcer et à défendre ce soi introuvable et non prouvé ? Comment et pour quoi les avènements discontinus des éléments de l'expérience, les cinq agrégats et les facteurs mentaux se succèdent-ils dans le temps pour constituer des structures récurrentes [6] ? »

À cette question, le bouddhisme – comme l'hindouisme – répond que ce soi qu'on cherche si ardemment est introuvable, pour la simple mais radicale raison qu'il n'existe pas, qu'il est « maya », pure illusion. Pour d'autres, il existe un soi constitué par les traces mnésiques et par les tendances, les goûts et les appétits, mais il s'agit là plutôt d'un « petit soi », d'une composante du point de vue. Le point de vue, l'opérateur d'unification n'est réductible ni à la version consciente psychologique du moi (avec ou sans inconscient), ni à sa version quantitative plus proche du soi, c'est-à-dire les différents niveaux et couches de soi qui nous composent. Un être constitué par simple agrégation est, tout simplement, un non-être.

Alors, si l'opérateur d'unification, ce « point métaphysique », comme l'appelle Leibniz, n'est ni le moi, instance aliénée par excellence, ni la somme des couches et modes du soi, nous pouvons peut-être mieux comprendre l'énoncé selon lequel « ma vie, ce n'est pas moi ». Puisque ce que j'appelle « ma vie » excède et déborde le moi, ce syntagme est à interpréter comme la résultante des infinités de parties qui me composent, résultante qui n'existe pas dans un endroit particulier, mais en tant qu'élément de chaque partie. Le « point de vue », lui, n'est pas non plus un lieu que nous pourrions trouver quelque part, mais l'essence même du pli qui nous compose ; il existe en chacune des parties,

---

6. Francisco VARELA, *L'Inscription corporelle de l'esprit*, Seuil, Paris, 1989, p. 160.

non pas comme une trace ou une marque, mais grâce au fonctionnement de ces parties entre elles.

C'est pourquoi le moi, pas plus que les autres parties qui composent un organisme, qu'elles soient physiques ou psychologiques, tout en délimitant un « moi » identifiable, ne peuvent pas épuiser à eux seuls le phénomène de la vie, tel qu'il existe en chaque individu. « Ma vie, ce n'est pas moi » est alors un énoncé subversif pour l'homme occidental qui s'est construit d'après le mythe contraire, selon lequel tout ce qui excède le moi est dangereux. Dans cette optique, le moi – le « soi-même » – se constitue comme idéal panoptique, transparent vis-à-vis du monde, transparent vis-à-vis de soi.

Le moi, l'individu, tel que nos sociétés le construisent et le pensent, est finalement une « drôle » d'entité, figure triomphale de la séparation. Les autres, les liens sont pour ce personnage de fiction non pas seulement optionnels, mais tout à fait utilitaires. Lui, il est en « affaires » avec la vie, avec le monde, avec les autres. Il y a un capital vie, il faut devenir un bon investisseur. Dans sa totale ignorance des causes, plus il ignore ses chaînes, plus il se croit libre et détaché, et plus il est condamné à occuper la position opposée à toute liberté, condamné à subir sa vie, parce qu'à l'ensemble des multiples déterminations qui le fondent comme un destin (les défis de l'époque, le sexe, le groupe social, etc.), s'ajoute la dernière des déterminations : l'ignorance de ses déterminations. Or c'est précisément cette dernière détermination qui fait basculer l'homme, qui le fait tomber dans le piège narcissique de la « liberté/détachement », et convertit son destin en fatalité.

La séparation du réel est le prix à payer pour la prétendue liberté qui fonde l'individu, mais l'effort d'abstraction n'est qu'un pur imaginaire, puisque si nous sommes matériellement liés à l'étendue par le biais de nos parties extensives, nos pensées et nos raisonnements, pris et existants dans le trésor commun de la langue, ne nous sont pas, eux non plus, moins extérieures que nos parties extensives. Ainsi, à partir des deux bords les plus opposés qui nous constituent, loin de trouver au fond de nous-mêmes une vérité de l'individu, où chacun serait enfin égal à lui-même (A = A), on ne touche que des racines profondes qui nous lient ontologiquement au tout. L'individu est seulement la partie visible, comptable de cette constellation qui constitue notre singularité. Il est une partie de l'ensemble multiple que nous appelons la personne. Cela explique pourquoi, quand nous communiquons d'individu à individu, nous sommes dans une combinatoire absolument aliénée, car ce ne sont là que les rôles qui communiquent entre eux, sans que la multiplicité de la personne soit intéressée ou engagée dans l'échange.

L'individu relève ainsi d'une vérité de perspective (rappelons-nous ce personnage qui en mettant une pièce de monnaie devant son œil reste convaincu qu'elle est plus grande que le soleil). Pour lui, l'immédiat sature toujours le concret. Par le même geste, tout ce qui n'est pas immédiatement expérimentable par lui et pour lui sera taxé d'abstrait. Paradoxalement, les individus se condamnent ainsi à prendre pour concret ce qui n'est qu'une abstraction, c'est-à-dire leurs vécus immédiats, et parallèlement à considérer comme abstrait tout ce qui, parce que trop difficile d'accès dans un quotidien formaté par l'immédiat, ne leur semble pas évident. Dans cette inversion d'analyse, consubstantielle à l'apparition de la société de l'individu, c'est le concret lui-même qui sera considéré comme l'abstrait. Pris au piège du monde à l'envers, l'homme est ainsi séparé de sa propre puissance et condamné à traiter comme vérité ultime et sans appel tout ce qui relève de l'immédiat. En termes spinozistes, cela équivaut à en rester au premier niveau de connaissance.

La création de l'individu comme figure centrale d'un modèle de société nous a installés dans une sorte d'immédiat permanent où tout ce qui est de l'ordre de la longue durée, qui dépasse l'expérience de cet immédiat, ne peut être pris en compte, si ce n'est à travers la grille de lecture de l'individu en termes d'utilitarisme, d'immédiat. Voilà le piège, puisque cette grille est l'équivalent de la pièce de monnaie qui nous barre l'accès à l'universel concret, à la fois pli et singularité – par opposition à un hypothétique universel abstrait, somme de tous les points de vue qui constitueraient le « vrai monde ».

Une telle somme n'existe pas. Ce qui est véritablement « universel » dans la situation est ce qui fonde chaque vérité situationnelle, chaque vérité de perspective : ce qui est vrai dans et pour une situation est à la fois vérité de perspective pour une constellation donnée. Car pour que dans chaque situation multiple et singulière existent des « asymétries » épistémologiques, c'est-à-dire des vérités de perspective, il faut que chacune de ces situations soit fondée sur les lois universelles qui les rendent possibles.

Ces lois universelles n'existent pas comme forme et norme dans tous les mondes possibles, mais comme exigence de rigueur dans chaque singularité. La vérité est ici évoquée non comme ce qui se dévoile mais comme ce qui, ayant été considéré jusque-là comme « bruit » dans le système, fait irruption et déclare non suffisant un savoir préexistant. Cet « effet de vérité » qui fait qu'un savoir ou une hypothèse ne sont plus « métabolisables » relève, pour reprendre encore une fois les notions de Popper, du devenir régional des théories jusque-là dominantes. La vérité est toujours rencontre et non pas un savoir de plus ; elle est ce point d'arrêt à partir duquel il faut bien se mettre en route. Nous reviendrons sur la question de la vérité, mais nous pouvons déjà affirmer que le point de vue de l'individu en tant que « vérité de perspective » n'aboutit qu'à des hypothèses et des comportements entièrement illusoires. À cette figure vidée de tout contenu, parce que coupée d'elle-même, il ne reste alors qu'à s'identifier à son rôle social, à la plus transparente de ses déterminations, celle qui est dictée par son étiquette sociologique, au gré de la loterie de la vie.

7

L'individu et le vouloir

La figure du migrant

Pris au piège de cette illusion, l'homme occidental, à l'instar de personnages de films américains, croit à la possibilité d'être tout et n'importe quoi (et, souvent, il finit par se retrouver dans la situation de l'âne du nominaliste Buridan, ce pauvre âne devenu célèbre pour son caractère indécis, qui, se trouvant à un point équidistant de deux bottes de foin et ne pouvant se décider à choisir entre les deux, meurt de faim). Un tel point de départ, celui de l'illusion de toute-puissance, sans aucune surdétermination, est parfaitement impossible. Nos contemporains, pourtant, tiennent à ce « point X », point de pureté fondamentale où tout serait possible, et s'étonnent quand la vie, malheureusement remplie d'accidents, semble les empêcher de suivre une des voies possibles qu'ils avaient imaginées. Dans cette version de l'individu, ce seraient toujours des causes extérieures et accidentelles qui sont à l'origine de chaque particularité, car, au départ, nous serions tous sortis du même moule indistinct et susceptible de se traduire par n'importe quelle forme. Chacun se comporte comme si tous étaient sortis d'un supermarché de la vie, et que certains, va savoir pourquoi, ont pu (su ?) bien remplir leur chariot, et d'autres pas...

D'où cette confusion propre à notre temps, où le niveau le plus haut de liberté imaginaire, avec son inévitable réalité de soumission totale, devient malgré tout objet de désir, projet de vie désirable. À la base de ce désir (propre au modèle occidental) de devenir *individu*, il y a beaucoup de propagande, beaucoup de travail de l'idéologie dominante.

On en voit l'effet, complexe et paradoxal, dans les cultures dites traditionnelles, où l'image du mode de vie occidental peut être intimement associée à un profond désir de liberté et d'émancipation. Ainsi, pour des millions de femmes des pays du tiers monde, le modèle occidental signifie, très souvent, non pas une différence quantitative dans leur mode de vie, mais la possibilité de quitter l'oppression, la soumission, pour vivre des vies dignes. Pour bien des jeunes des deux sexes, l'image de l'individu occidental est celle de la rupture avec la tradition, permettant de changer leur place dans la société, ou, comment on le dit souvent, de « faire ses preuves ».

Il existe un malentendu dans l'interprétation des phénomènes à l'origine des migrations. Le fait de rompre avec l'autorité clanique et les diktats familiaux, d'échapper à la tradition, sauf quelques exceptions, ne transforme aucunement ces jeunes migrants en des êtres sans liens, à l'image de l'individu moderne vidé de toute substance et coupé de tout. Bien au contraire, quand, au-delà des images et fantasmes sociaux chargés de préjugés, nous nous penchons sur cette réalité, nous voyons qu'elle est loin de cristalliser le triomphe du modèle de l'individu occidental. En effet, le départ des jeunes les plus intelligents et téméraires relève souvent d'une démarche classique dans bien des cultures non occidentales : que le jeune homme ou la jeune femme parte, qu'il défie seul les dangers, qu'il conteste le pouvoir sclérosé des anciens et de la tradition, c'est l'un des principes mêmes de la vie de ces sociétés « traditionnelles ». C'est en partie parce que ces jeunes partent, contestent, luttent et aiment au-delà des structures préétablies que ces sociétés continuent à exister.

Les jeunes migrantes et migrants ne deviennent donc pas « l'autre », l'occidental : au contraire, ils peuvent remplir, lentement et contradictoirement, un rôle fondamental pour la survie des liens avec leur pays d'origine. Certes, beaucoup d'entre eux connaissent un sort dramatique : ils meurent dans les vagues du détroit de Gibraltar ou de l'Adriatique, végètent dans des conditions atroces dans les « zones d'attente » aux portes du monde riche ou se retrouvent, pour celles et ceux qui ont réussi à « traverser », victimes des marchands de travail ou de sexe… Mais il arrive aussi que même les « paumés », ceux qui n'arrivent pas à construire une vie stable dans les pays d'accueil, puissent s'inscrire dans la tradition : ce sont des « Ulysse » qui cèdent aux chants des sirènes.

Or, céder aux chants de sirènes n'a jamais donné tort à Ulysse. Sans sirènes, pas d'Ulysse : on l'a dit, ce sont les défis qui constituent le chemin. Grâce aux défis, la jeune femme échappée aux dangers de son pays d'origine, libérée des contraintes de la famille ou du clan, pourra connaître la possibilité de vivre comme un être humain respecté et digne – pour autant, défi supplémentaire, qu'elle ait réussi à échapper aux pièges les plus mortifères de la société de l'individu. La différence avec la société traditionnelle qu'elle a laissée derrière elle restera immense, mais tout cela ne fait pas d'elle une Occidentale ; plutôt une sorte de prolongation de son pays, un « territoire libéré », une enclave de dignité. Si elle parvient à échapper au pire – et cela arrive plus souvent qu'on ne le croit –, où qu'elle aille, elle transporte sa culture, son paysage, ce qui la constitue en tant qu'être : consciemment ou non, elle agit comme celui qui crée une base arrière, une brèche de libération pour son propre pays.

Les idéologues occidentaux, les chantres de l'individualisme, qui par ailleurs déplorent l'égoïsme de ce même Occident, se trompent donc quand ils croient constater la supériorité de leur modèle de société en invoquant l'argument de l'immigration ; car bien des jeunes qui migrent ne cassent pas les liens, mais construisent, au contraire, des liens modifiés.

Des îles dans la mer

Les hommes sont, d'après le mythe de l'individu, solitaires, isolés les uns des autres, comme des îles dans la mer… À ceci près que ces îles, comme le signalait Deleuze, sont plutôt des plis de la mer. Nous sommes « embarqués », nous disait Pascal, nous sommes des plis de l'étendue, nous sommes un moment et une forme des liens sous-jacents. Ces liens, ce qui nous unit aux autres et à l'environnement, sont ontologiques. La société de l'individualisme, en créant la « séparation », ne peut donc créer de véritables coupures dans ce qui est donné d'emblée comme lié. Faute de créer de vraies discontinuités entre les individus et le reste de l'existant, ce qui fonde la société de l'individualisme est une perte de puissance, par disparition de dimensions et de liens, par appauvrissement de l'existence.

L'ethnologue Jean Malaurie rapporte ce que disait un vieil Inuit : « Plus je pense individuellement, moins je me sens exister... » L'individu peut ainsi se vivre comme isolé, « coupé » du monde et des situations qu'il habite ; mais même si cela le conduit à agir et à penser – voire à construire une ville, une société, une économie – d'une manière qui corresponde à cette croyance, il n'est pas pour autant vraiment « coupé », il est tout simplement « diminué ». « On ne sait jamais ce que peut un corps » : tel est un des axes de l'*Éthique* de Spinoza. Ce non-savoir est fondé sur le caractère non fini, non dénombrable des possibilités du corps. Ne pas savoir jusqu'où nous existons veut dire que nous n'avons pas oublié les « synapses » qui nous lient presque organiquement aux autres, au paysage dont nous faisons partie.

Ce non-savoir, ce que nous avons nommé l'illusion du soi, le biologiste Henri Atlan l'évoque en ces termes : « Mais c'est là qu'il faut prendre garde de ne pas tomber dans l'erreur spiritualiste, qui fait comme si nous savions ce que c'est le soi à partir de notre expérience subjective de conscience de soi [1]. » Le défi consiste donc à enjamber cette illusion de l'immédiat comme seule dimension de l'existant, pour arriver au début du concret, du multiple qui nous articule avec les autres, mais aussi avec ces dimensions non humaines qui nous constituent comme soubassement. Aller vers des dimensions non humaines, décentrer le phénomène humain du seul territoire de l'homme ne signifie pas

1. Henri ATLAN, « L'émergence du nouveau et du sens », *in* Paul DUMOUCHEL et Jean-Pierre DUPUY (dir.), *L'Auto-organisation. De la physique au politique*, *op. cit.*, p. 129.

aller vers un quelconque « inhumain », mais explorer l'au-delà des frontières arbitraires de l'individu. Dans le même texte, Henri Atlan écrit : « La démarche correcte consiste donc, à mon avis, à essayer de cerner ces notions à partir de l'analyse de situations non humaines et faire en sorte que l'expérience de notre subjectivité puisse n'apparaître que secondairement, comme un cas particulier. »

Deux autres auteurs nous aident dans cette voie. D'abord, l'historien Fernand Braudel, qui, avec son analyse de la longue durée, nous introduit dans une compréhension du phénomène humain au-delà de l'immédiat. Avec lui, nous pouvons commencer à comprendre ce qu'on veut dire par l'illusion de l'immédiat, car Braudel décale radicalement toute interprétation de l'individu comme sujet central de l'histoire. Nous y reviendrons avec la question du paysage (voir *infra*, chapitre 12), pour montrer comment Braudel construit un récit qui fait de la Méditerranée un nouveau « sujet de l'histoire », histoire complexe, histoire des liens, dans laquelle la géographie, le milieu naturel et les habitants constituent un ensemble à étudier en évolution conjointe, sans le séparer de l'individu.

L'autre auteur incontournable est le géographe Augustin Berque. Dans son livre déjà cité, *Écoumène*, il présente une étude des milieux humains où le rapport onto-géographique de l'humain avec la terre définit ce qu'il appelle l'écoumène. Pour Berque, la personne n'est pas l'individu isolé : « La personne existe là comme paysage, et le paysage est la personne. » Aucune séparation n'est réelle, la singularité de la personne ne se fonde pas dans des ruptures imaginaires ; au contraire, personne et paysage sont indissociables l'un de l'autre. Berque travaille à partir du concept de « médiance » pour définir les liens ontologiques, culturels et physiologiques qui articulent étroitement la personne au milieu. Il poursuit : « Alors que pour Darwin l'évolution est une adaptation de l'être vivant à l'environnement, ce qui le place à cet égard dans une position subordonnée, il y a pour Imanishi réciprocité entre les deux. Subjectivation et adaptation sont fonction l'une de l'autre. L'environnement prolonge le corps, et le corps prolonge l'environnement [2]. »

---

2. Augustin BERQUE, *Ecoumène*, *op. cit.*, p. 50 et 123.

Nous savons à quel point le mythe de l'individu, cette idée de l'homme conçu comme « électron libre », comme quelqu'un qui pourrait occuper n'importe quel paysage, s'oppose à cette réalité de l'homme comme prolongation du paysage. Le phénomène humain ne peut pas être compris sans revenir aux liens et au soubassement qui le composent, à la longue durée historique qui s'exprime à travers chacun de nous. Nous nous condamnons à l'impuissance et à l'ignorance, à chaque fois que nous cherchons comme seul moteur des actes des hommes quelque chose d'intérieur à l'individu lui-même. Dit d'une autre façon, nous ne sommes pas *causa sui*, nous ne passons pas des contrats avec l'environnement, nous n'avons même pas la possibilité de développer un rapport vraiment utilitariste avec le monde, car au fond nous ne savons rien de ce qui est « utile ».

Quand Braudel spatialise l'histoire, en lui donnant comme protagoniste le paysage, il cherche à établir un « angle », un point de vue, qui soit plus proche des événements. À sa façon, ce que Lorenz fera dans la physique et l'épistémologie avec la théorie du chaos, Braudel le fera dans la théorie de l'histoire. Jusqu'à la révolution de l'école des *Annales*, l'historiographie officielle tentait de comprendre le devenir des événements en prenant en compte l'homme comme sujet et protagoniste principal, voire unique, et constatait le « bruit » qui existait sous la forme d'inexactitudes. Braudel, en décalant les extensions de l'homme vers le paysage, l'espace et la longue durée, construit une histoire qui n'est pas seulement humaine.

Berque, avec le concept de « corps médial », opère un décentrement du même genre. Le concept de médiance instaure une véritable cosubstantialité entre le phénomène humain et ce qu'on appelle l'environnement, ce qui va au-delà de toute idée de rapport, car, dans le rapport, il existe déjà une objectivation du milieu qui, loin de placer l'homme en tant que sujet, finit par l'objectiver, lui aussi. Il y a pour Berque deux moitiés qui constituent l'être humain : l'une est constituée par notre corps animal, ce que nous appelons nos parties extensives, l'autre par notre corps médial. Il précise : « Cette division en deux moitiés, qui étend notre être du foyer de notre corps animal jusqu'à l'horizon de notre monde, c'est le moment structurel de notre existence. C'est notre médiance. » Et il précise : « En outre, le corps médial n'est pas seulement un corps social ; il suppose aussi des écosystèmes, qui derechef l'embrayent à la nature des choses [3]. »

Il n'y a donc pas de discontinuité, car notre corps médial est notre environnement conçu aussi comme dimension culturelle et sociale. Notre plus intime « intériorité » est tissée de ce que dans l'après-coup de l'enaction nous apercevons comme monde extérieur. Nos parties extensives, comme ce que nous projetons comme monde extérieur, sont ce que Berque nomme médiance et corps médial. Tissée d'extériorité, fondée par la longue durée, chaque singularité est à la fois une scène où se rejouent de véritables morceaux de conflits, d'histoires, de tragédies, toutes très loin d'avoir commencé le jour « glorieux » de notre naissance. La psychanalyse montre au quotidien comment nous répétons, réactualisons plutôt, des scènes ou des fragments de scènes qui nous viennent d'un passé qui pour nous restera à jamais refermé sur lui-même.

La question de l'intentionnalité

« Ma vie n'est pas moi » ou, dans la formulation de Deleuze, « la vie n'est pas quelque chose de personnel » sont des expressions qui relèvent du constat de la multiplicité, cette multiplicité qui, tout en nous composant et nous surdéterminant, ne crée pas moins notre singularité. Et nous pouvons, sans tomber en rien dans un spiritualisme métaphysique, appeler *essence* cette résultante qui configure une donnée particulière, avec des racines et prolongations impossibles à définir, au moins dans la mesure où nous acceptons réellement dans cette définition les différents niveaux et dimensions qui nous lient ontologiquement au paysage auquel nous appartenons.

Cette essence, qui ne doit aucunement ouvrir la porte vers un irrationnel quelconque, est à penser comme l'opérateur d'unité dont nous avons déjà parlé, auquel participent nos parties extensives, ainsi que l'histoire et la géographie qui nous composent. Cette unité, repérable par le fonctionnement autonome que nous avons décrit comme la clôture opérationnelle, évoque très

3. *Ibid.*, p. 127 et 143.

clairement ce qu'écrit Leibniz : « Et qu'ainsi nos sentiments intérieurs (c'est-à-dire, qui sont dans l'âme même, et non pas dans le cerveau, ni dans les parties subtiles du corps), n'étant que des phénomènes suivis par les êtres externes, ou bien des apparences véritables, et comme des songes bien réglés, il faut que ces perceptions internes dans l'âme même lui arrivent par sa propre constitution originale, c'est-à-dire par la nature représentative (capable d'exprimer les êtres hors d'elle par rapport à ses organes) qui lui a été donnée dès sa création et qui fait son caractère individuel[4]. »

Rappelons à ce propos l'analyse de Varela : « Une observation plus précise nous révèle que ce que je vois a plus affaire avec la façon dont je suis fait en tant que mécanisme, qu'avec un quelconque mode extérieur[5]. » Un organisme autonome, un pli se présente comme ayant une « raison suffisante ». Les chaînes causales qui se prolongent à l'infini traversent des nœuds et des plis, sans que les formes et structures émergentes dépendent d'aucun observateur extérieur. Ces émergences existent, au contraire, comme auto-affirmation à partir de laquelle toute observation éventuelle peut advenir. La « raison suffisante » est pour Leibniz la chose elle-même. Elle ne renvoie pas au processus permanent qui nous conduit d'une cause à une autre, mais à un état de stabilité qui, à partir d'une série de couplages, permet à une forme émergente d'avoir une « durée ».

On peut ainsi se demander s'il existe encore quelque chose de l'ordre d'un organisme qui se « détache » du milieu, puisque ses agissements ne dépendent pas du *feedback* avec l'environnement, mais d'interactions propres à l'organisme. Par « se détacher » du milieu, nous faisons ici référence à ce que Joëlle Proust nomme « pensée détachée » et qui évoque la capacité de certaines fonctions supérieures de refléter, dans le cortex, une représentation du mouvement. Dans cette perspective, « détaché » ne signifie pas « séparé », car les organismes émergents autonomes ne sont pas pour autant séparés du soubassement. Dès lors, quelles sont les actions et les agissements qui ne seraient pas en

4. Gottfried Wilhelm LEIBNIZ, *Le Système nouveau de la nature*, *op. cit.*, p. 73.

5. Francisco VARELA, *Autonomie et connaissance*, *op. cit.*, p. 156.

simple action/réaction à tout élément extérieur ? À partir de quels principes pouvons-nous définir un agir qui ne se réduise pas à un simple réagir en *feedback* avec le milieu ?

Ces questions renvoient à celle de l'existence d'une certaine « intentionnalité », autrement dit de la possibilité de reconnaître, ne serait-ce que dans l'après-coup, une motivation ou une tendance intérieure à l'organisme, qui ne naîtrait pas d'une surdétermination purement extérieure. La réponse n'est pas simple. En regardant un chien qui marche énervé au milieu de la rue, cherchant de tous les côtés jusqu'au moment où il retrouve son maître, nous pouvons soupçonner qu'il y a là une certaine « intentionnalité ». Mais est-ce que nous pouvons encore reconnaître cette intentionnalité dans l'action des anticorps qui attaquent un corps étranger dans le sang ?

Dans son *Discours de métaphysique*, Leibniz écrit qu'il est très difficile de distinguer les actions de Dieu de celles de ses créatures, parce qu'il y en a qui croient que Dieu fait tout... Ou encore, il est difficile de déterminer des actions qu'on puisse considérer comme distinctement produites par les hommes. D'autant plus si on tient compte de ce qu'affirme de son côté Descartes dans les *Principes*, à savoir qu'il n'est pas requis plus d'action pour le repos que pour le mouvement : si l'agir ne peut être réduit à la notion de mouvement, alors les choses se compliquent encore. Quant à Plotin, il soutient que rien dans ses agissements ne renvoie à l'homme comme producteur autonome – mais nous devons éviter toute interprétation hâtive de cette position très radicale car, pour la philosophie de Plotin comme pour d'autres philosophies d'origine mésopotamienne, « agir » ne veut pas du tout dire la même chose que pour nous.

Dans les sagesses qui professent le « non-agir comme libération », agir équivaut à se laisser aller vers une vie qui met au centre ce que nous appelons l'individu ; à se conduire non pas d'après son essence et l'universel dont nous sommes porteurs, mais, au contraire, à s'en détourner pour aller vers le « maya », l'illusion du moi, vers une vie personnelle, comme si la vie nous appartenait. Pour le bouddhisme, l'agir désigne tous les actes qui affirment l'illusion de la séparation de l'individu, qui coupent la personne de ses racines, de ses lieux et ses dimensions d'appartenance. Dans cette conception classique, on peut qualifier d'« agir » tout acte auquel peuvent s'adonner nos contemporains en partant de la croyance d'être des individus séparés du tout substantiel.

Un homme d'affaires qui ne cesse de s'agiter et de courir est ainsi dans l'agir, non parce qu'il fait des choses, mais parce qu'il ne fait que des choses déterminées et aliénées, dictées par une discipline extérieure à son essence, à lui-même. Il s'agit là du contraire de l'intentionnalité, dans la mesure où il y a soumission aux exigences extérieures et où les envies normalisées et formatées prennent la place de ce vouloir de base dont parlait Leibniz, ce désir qui nous fonde depuis l'intérieur. Ainsi, au moins depuis Spinoza, « agir » a pris un sens presque contraire à celui d'intentionnalité dans la philosophie moderne : pour elle, l'homme hypnotisé par le pouvoir et le profit, l'homme de l'immédiateté, celui qui tourne en permanence le dos à toute question du sens et qui agit selon la consigne « après moi le déluge », est quelqu'un qui est dans le pur pâtir. Le concept d'agir, par conséquent, sera réservé aux actions qui, provenant de l'essence même de chacun de nous en tant que personne, nous sortent du pâtir et augmentent, comme l'explique Spinoza, notre puissance concrète d'agir.

Pâtir se traduit souvent par ce que Deleuze appelle des « mauvaises rencontres », conduisant à tomber dans des boucles de fonctionnement qui établiront des dépendances et des addictions, et qui feront que toute la puissance de notre être reste enfermée. Nous connaissons tous des hommes et des femmes piégés dans leur rapport avec le pouvoir ou avec l'argent, dont la dépendance établit un véritable rapport pathologique avec l'objet. C'est une attitude très courante chez les hommes et femmes politiques, ou des milieux d'affaires, qui n'ont aucun désir autre que le pouvoir et qui renoncent à tout principe au nom de mécanismes devenus fins en soi. Par pathologique, il ne faut pas entendre ici un quelconque appel à la norme ; la pathologie des individus que nous venons de décrire réside dans le fait que leur être tout entier est pris dans une boucle autonome, et qu'ils ne peuvent donc jamais agir que de façon réactive, sans accord avec leur singularité.

On nous objectera que l'avarice ou l'amour du pouvoir peuvent être des éléments de la singularité d'une personne. Et c'est vrai, mais le problème réside dans la saturation des autres boucles et niveaux d'existence par ces éléments, jusqu'au point où ce fonctionnement devient exclusif et étouffe l'ensemble dont il fait partie. L'œuvre de Shakespeare, avec ses personnages devenus fous et malades à cause de leur dépendance au pouvoir, l'illustre bien. Ces addictions pathologiques chez les « puissants » d'aujourd'hui devenus « marionnettes de leurs passions » semblent plus difficiles à discerner, dès lors que ces « puissants » nous sont présentés comme des modèles sociaux à imiter. Et pourtant, le mécanisme qui les anime, avec ce côté toujours tragi-comique, est le même que celui qui fonde le caractère maladif de la dépendance chez un toxicomane. Sortir du pâtir implique donc de ne pas s'abandonner comme une feuille dans la tempête des passions, qu'elles soient intérieures ou extérieures, ou qu'elles aient, comme c'est souvent le cas, une apparence d'utilitarisme.

De toute façon, par rapport à notre instance « unificatrice », par rapport à cette résultante qui exprime l'essence de chaque singularité, tout pâtir est, par définition, « extérieur ». C'est là l'un des points souvent mal compris de Spinoza qui, dans l'*Éthique*, affirme à plusieurs reprises que la destruction d'un organisme provient toujours de l'extérieur. On pourrait penser que les maladies, et *a fortiori* les maladies dites auto-immunes, ainsi que les dépendances biologiques à des drogues et autres mécanismes de destruction proviennent de l'intérieur. Mais, nous l'avons vu, ni dans la théorie de l'émergence, ni encore moins pour Spinoza ou Leibniz, l'intérieur ne fait référence à nos parties extensives en tant que telles. L'intérieur représente l'instance émergente, la monade ; ainsi, la monade détermine les rapports par lesquels sont en relation nos parties extensives. Celles-ci, pourtant, existent dans le soubassement, elles restent extérieures et autonomes par rapport à cette essence qui nous singularise. L'organisme, à son tour, n'étant pas la somme de ses parties, est déterminé pourtant par leur fonctionnement dans la mesure où elles composent d'après un rapport donné de singularité.

Le multiple, condition ontologique de l'existence

Si l'agir ne désigne pas n'importe quel faire, mais les actions – ou les repos – qui sont en accord avec l'essence de chaque être, nous ne pouvons pour autant le concevoir comme « intentionnel ». Car, mis à part dans le narcissisme occidental, nous ne savons pas grand-chose des différents niveaux de motivation et de causalité de nos actes. Agir d'après notre essence signifie donc que quelque chose de notre singularité multiple se déploie et s'exprime à travers nos actes – ce qui n'implique aucune tentation de tangente vers la métaphysique. Nous évoquons alors, en tant qu'essence, les coordonnées historiques, géographiques et de famille qui constituent l'infinie multiplicité du soubassement, sans oublier, et bien que cela puisse choquer certains philosophes, les « snips » ou variations de l'ADN qui rendent chaque personne unique et qui font aussi partie de l'expression de la singularité en tant qu'éléments du soubassement.

Nous sommes à tel point habitués à penser nos corps comme des unités en soi que nous ne sommes en rien étonnés par ce que nous interprétons comme des réactions de « défense » de notre organisme par rapport à une infection. Comme nous l'avons vu, nous avons même créé le terme « soi immunologique » pour désigner la capacité du système immunologique à agir comme si chaque molécule de notre corps avait un « esprit de corps ». Ainsi, si mon petit orteil est blessé parce qu'un corps « étranger » pénètre dans ma chair, et qu'immédiatement le système déclenche le phénomène de défense, nous constatons des signes évidents comme chaleur, rougeur et douleur, et concluons que ce sont mes molécules « soi » qui luttent contre des molécules « non soi ». Et c'est exact, à ceci près qu'il est assez farfelu d'imaginer que, à ces niveaux moléculaires, pourrait exister quelque chose de l'ordre d'un esprit de corps. En effet, le mécanisme de protection de l'unité en tant qu'unité ne réside pas dans les molécules, il ne réside, pour ainsi dire, nulle part, car il ne relève pas d'une instance qui aurait un lieu, mais de l'émergence d'un niveau de fonctionnement qui s'exprime par un pli dans l'unité de l'étendue.

C'est par rapport à cette instance-là que Spinoza parle de parties intensives, ou parties « éternelles ». Aujourd'hui, ce langage, trop pollué par la religion au parfum individualiste, est devenu peut-être un peu opaque. Mais, si Spinoza désigne ces parties intensives comme éternelles, c'est parce que les instances unificatrices de chaque étant ne résident pas, en tant que telles, dans la temporalité, pas plus que dans l'espace. L'autonomie ontologique de chaque niveau émergent est, on l'a vu, à la fois autonome et interdépendante du soubassement. Autrement dit, si nous pouvons parler d'instances unificatrices des parties extensives, ce n'est que par le fait qu'elles adviennent à l'existence par les liens et rapports qu'elles expriment. L'instance unificatrice, que Leibniz assimile au concept d'âme, est à comprendre comme cet opérateur d'unité qui ne s'exprime que par les rapports qu'il établit entre des parties extensives distinctes. Éternelles, donc, ne veut pas dire immortelles ni existantes dans une autre dimension, pour la simple raison qu'elles ne sont pas « existantes » au-delà de leur actualisation à travers des parties extensives qui s'articulent en suivant leur essence.

C'est pourquoi il existe dans les interprétations de la métempsycose une très forte contrebande de l'idéologie de l'individu. L'idée que des individus avec leurs caractéristiques individuelles se réincarneraient dans d'autres individus ou êtres est une forme très dégradée, très frelatée même, de la métaphore mythique qui rappelait aux hommes qu'en vivant leurs vies, ils devaient éviter de tomber dans la folie de se croire *causa sui*, ou pire encore, de croire qu'ils existaient contre, ou en rupture avec, le tout substantiel. L'idée même de la métempsycose renvoie en fait à celle que chaque forme singulière de vie est porteuse d'un ensemble de tribus et de paysages disparus, que nous sommes à peine un moment de la longue durée – mais aussi que tout ce qui la compose n'existe pas dans une dimension autre que celle dans laquelle elle établit en permanence des rapports de singularité.

Après tout, l'idée que l'homme ne se réduit ni à ses gènes ni à ses conditions historiques ou géographiques ne veut pas dire qu'il peut exister sans gènes ou sans conditions historiques ou géographiques. La clef est de ne pas confondre les niveaux, ni de les réduire les uns aux autres, car si la dérive réductionniste consiste à identifier l'homme avec ses composantes, l'errance idéaliste consiste, elle, à croire qu'une essence pourrait exister sans parties extensives. Le fait que l'essence de chaque être est aussi expression de la substance n'efface aucunement la multiplicité des existants.

Nous pouvons tous expérimenter cette réalité humaine du rapport entre nos parties extensives et quelque chose que nous reconnaissons comme la partie intensive, unifiante de notre existence. Que se passe-t-il dans un acte tout à fait banal comme le fait de se regarder au miroir ? Quand je vois mon image reflétée, j'expérimente très concrètement que mes parties extensives, les parties de l'étendue qui composent mon corps, sont miennes, certes, et extérieures à la fois. Extérieures à quoi ? Extérieures à ce point de vue qui fonde ma singularité, à mes parties intensives, qui pourtant ne sont pas l'âme dont parle la métaphysique, car elles ne pourraient exister ni avoir un point de vue si elles n'étaient pas « situées », si elles n'avaient pas un corps.

Les monades contiennent ou reflètent l'ensemble de l'univers de forme confuse, et une partie exprimée de manière distincte. Cette dernière est celle qui correspond au point de vue qui coïncide avec notre corps. Mais si la monade contient en elle, de façon confuse, tous les points de vue, il est clair qu'elle ne peut pas, par principe, exprimer tous les points de vue possibles ; car si tous étaient possibles, aucun ne serait réel, et rien n'existerait. Le multiple n'est donc pas une hypothèse de l'existence, mais la condition ontologique de l'existence. Face à mon image, donc, j'expérimente le fait que mon corps est extérieur à l'instance unificatrice. Cette extériorité est paradoxale, car elle ne s'énonce pas, comme dans la tradition spiritualiste, depuis une place de « nulle part », mais elle montre que l'instance unifiante n'est réductible à aucune partie extensive, tout autant qu'il n'y aurait pas d'instance unifiante sans parties extensives qui constituent en permanence leur actualisation.

Si on garde l'exemple du miroir, on peut aussi comprendre précisément où se trouve le piège qui fonde la croyance en l'être en tant qu'individu séparé du tout. La plupart de nos contemporains seraient d'accord pour dire qu'ils se voient depuis une instance autre que celle des parties extensives qu'ils voient reflétées dans le miroir. C'est ainsi que des gens peuvent dire que l'image de leur corps ne correspond pas avec celui qui leur correspond, ou avec l'âge qu'ils sentent avoir, etc. Nous connaissons tous cette série illimitée de litanies d'après lesquelles les individus, se sentant extérieurs à leur corps, le considèrent pour ainsi dire comme un « accident » – beau ou laid, bon ou mauvais, mais comme un accident. Or l'extériorité à laquelle nous faisons ici référence n'a rien d'accidentel. En effet, quand les individus, pris dans le narcissisme le plus banal, disent sentir que leur corps ne coïncide pas avec ce qu'il devrait être, ils ne font pas autre chose qu'affirmer la croyance en l'individu, instance non située, libérée de tout lien, depuis laquelle l'homme regarde, avec désolation ou admiration, la série d'accidents par lesquels il est emprisonné.

En revanche, quand nous disons que les parties intensives, l'instance unificatrice, s'expriment, nous n'évoquons pas l'émergence d'un quelconque « surindividu », car l'essence n'est en aucun cas ce qui exprime une vérité de l'individu en tant que tel, mais au contraire ce qui relativise toute vérité de l'immédiat, toute croyance en l'individu, ce qui exprime, à travers chaque singularité, la totalité et l'universel. Spinoza écrit que nous « expérimentons que nous sommes éternels » : par cela, il faut comprendre que, plus nous avançons dans des niveaux de connaissance, plus nous développons la puissance de notre essence ; plus nous existons dans des niveaux qui nous éloignent de la réalité saturée par l'immédiat, plus nous pouvons avoir accès à des dimensions où nous expérimentons des liens avec le paysage qui nous constitue.

8

Penser l'agir

Quelle efficacité pour nos actions ?

Dans la dimension restreinte de l'individu, tout se passe comme si celui-ci était *causa sui*, à l'origine de ses désirs, et que, dans un deuxième temps, il agirait pour les réaliser dans un simple rapport du type cause/effet. Nous pouvons illustrer cela par la figure de l'homme ingénieur : d'abord un plan, ensuite les moyens et, finalement, l'œuvre réalisée... Le dispositif imaginaire de l'action se déroule ainsi en trois temps : souhait, moyens et fin – en entendant par « fin » la réalisation de buts que l'individu se serait fixés dans un premier moment tout à fait illusoire où la décision aurait précédé à l'action. Nous disons illusoire car, comme nous le savons déjà, le but ne précède pas, ou bien ne précède pas de façon complète, le début du mouvement. Ce qu'à un moment donné nous allons appeler « but », en relevant en général d'une instance imaginaire, participe alors de cet ensemble qui est déjà en mouvement. Le fait d'agir modifie sans cesse, d'une part, les règles du processus, d'autre part, ce qui, dans l'après-coup, nous apparaîtra comme le « but » atteint.

C'est pourquoi nous sommes tellement surpris de tous ces « ratés » qui constituent une très grande partie de l'histoire des hommes, ainsi que de nos vies quotidiennes. La racine profonde de cette surprise se trouve dans notre méconnaissance, en tant qu'individus, des déterminants autres que ceux dont nous avons conscience (et qui sont en général très imaginaires), qui participent de chaque mouvement, de chaque action. Nous connaissons ce que nous pouvons faire, en l'exagérant ou non, mais nous méconnaissons la plupart du temps les raisons qui nous poussent à le faire, de même que nous ignorons les données complexes du paysage et des situations dans lesquelles nos actes s'accomplissent. Là où l'individu se prétend donc « libre », il est surtout dans un souhait de liberté qu'il croit fondé dans un agir contre sa nature. Il se rend ainsi dépendant de ses passions, tout en se condamnant, en même temps, à un maximum d'ignorance.

Tout se passe comme si, plus nous croyons en nous en tant qu'entités séparées du tout, donc faussement autonomes, plus nous nous rendons dépendants, plus nous pâtissons et plus nous devenons esclaves. Les hommes défendent leurs chaînes comme s'il s'agissait de leur liberté, et cela explique pourquoi les mécanismes les plus forts dans toute soumission sont, comme le disait La Boétie, volontaires. Entre le narcissisme d'une liberté imaginaire et la liberté concrète, la plupart de nos contemporains n'hésitent pas à choisir les chemins de la (non-)liberté imaginaire.

Nous sommes surpris, et souvent frustrés, de ce qui nous apparaît comme un manque de maîtrise de notre part, comme une difficulté pour obtenir ce que consciemment nous voulons réaliser. Mais la combinatoire des souhaits, de ce qui nous paraît souhaitable et désirable, et la combinatoire des pratiques et des actes sont tout à fait distinctes. Car à la différence de l'agir qui, on l'a dit, s'inscrit nécessairement dans l'ouvert et le multiple, souhaiter est une activité complète, fermée sur elle-même, qui n'a aucune raison d'aboutir aux fins souhaitées. Il est vrai que ces combinatoires peuvent s'articuler l'une à l'autre, mais, en aucun cas, la suite « naturelle » de la formulation d'un souhait ne sera sa très fameuse réalisation. La sagesse populaire ne se trompe pas quand elle remet la réalisation des souhaits entre les mains des fées. Le souhait part d'une analyse de la réalité, tout en l'amputant, c'est-à-dire en la niant. Nous prenons ainsi, d'une part, le souhait et, d'autre part, ce qui nous semble logiquement possible, mais tout en les découpant de l'ensemble complexe de l'existence, du monde réellement existant (ce « meilleur des mondes possibles », selon Leibniz), en oubliant que tout ce qui est, en théorie, possible ne peut pas advenir en acte.

Cette difficulté, aussi fréquente au niveau individuel que dans les différentes dimensions sociales, explique que nous soyons toujours surpris par ce que nous prenons pour un manque d'efficacité. Or il existe ou moins trois dimensions différentes de ce qu'on peut nommer l'« efficacité », si par efficacité nous entendons la réalisation des couplages nécessaires pour le développement d'un processus concret, dans le dessein de perdurer dans le *conatus*, tel que le définit Spinoza (cet « appétit [qui] n'est rien d'autre que l'essence même de l'homme, de la nature de laquelle se suit nécessairement ce qui sert à sa conservation [1] »).

À un premier niveau existe ce que nous connaissons de façon la plus immédiate, ce que nous pouvons appeler l'efficacité linéaire. Il s'agit de l'efficacité visible, évaluable dans un rapport cause/effet, liant un objectif à une action. Nous sommes ici à un niveau naïf ou simple d'intentionnalité consciente, ou du moins reconnaissable par l'agent : on veut prendre le métro, et on fait le nécessaire pour réaliser cet acte ; en principe, il n'y a rien à ajouter. On se dit qu'on veut étudier la médecine, et on se trouve huit ans plus tard avec un diplôme de médecin. C'est ce niveau que décrit Leibniz quand il explique que nous pouvons obtenir, parfois, ce que nous désirons ; dans ces cas-là, il nous est donc donné aussi d'évaluer des résultats par rapport à des « objectifs ». Nous restons pourtant à ce niveau dans une dimension finaliste : une fois devenus spectateurs de l'action, nous pouvons l'évaluer par rapport aux objectifs préfixés. C'est le niveau maximal de confirmation de la consistance d'une constellation individuelle en fonction de laquelle il y a un monde que nous regardons et sur lequel nous agissons pour atteindre des résultats.

L'idéal rationaliste de l'utilitarisme est un exemple de cette forme de pensée. Dans ce fonctionnement-là, nous restons dans le cadre classique selon lequel la perception, en tant qu'information provenant de l'extérieur, nous informe de ce qui existe pour qu'on puisse se situer ensuite. Ce niveau est presque le seul que la société de l'individu accepte comme existant, oubliant l'autre

1. Baruch SPINOZA, *Éthique*, *op. cit.*

niveau, fondateur du premier (celui dont parle Leibniz quand il affirme que, si nous pouvons parfois obtenir ce que nous désirons, nous ne pouvons jamais désirer ce que nous désirons). Or le but énoncé, celui de faire telle ou telle chose, ne naît en aucun cas d'une volonté *sui generis*, émergeant de l'individu comme du chapeau d'un magicien ; la plupart des causes, en effet, qui à un moment donné s'expriment en nous sous la forme du vouloir, nous restent inconnues, comme placées dans un véritable angle mort. C'est dire que quand nous obtenons « ce que nous voulions », nous restons largement incapables de savoir ce que nous « voulions » vraiment. L'individu, dans son adhésion à l'immédiat, est condamné à se donner de fausses excuses pour essayer d'attribuer un sens à des actions inexplicables et incompréhensibles dans l'immédiat.

Il existe d'autres formes moins visibles d'efficacité, qui correspondent à des niveaux plus profonds de « motivation ». Ainsi, le deuxième niveau après le linéaire est celui de l'« efficacité paradoxale », où nous constatons des effets de nos actes qui n'avaient pas été énoncés, au début, comme des objectifs. Pour illustrer cela, prenons un exemple à l'échelle de la société et non plus de l'individu, celui de l'école : nous savons tous que, par définition, l'objectif de cette institution est de transmettre une série de savoirs aux enfants ; mais si son efficacité était seulement linéaire, limitée à cet objectif publiquement énoncé, nous serions en fait confrontés à un échec massif du système éducatif. Car pour la société, la principale fonction « anthropologique » de l'école, rarement énoncée comme telle, est bien moins l'apprentissage de connaissances que d'être une machine à socialiser, à discipliner les corps, à formater les enfants – bref, à garantir une série de couplages en accord avec les idéaux de la société. L'école est une machine complexe, qui n'est ni compréhensible ni pensable si l'on reste au niveau des idéaux énoncés (c'est d'ailleurs au niveau de ses fonctions « paradoxales », de très loin les plus importantes, que le risque d'échec devient aujourd'hui assez fort, ce qui est réellement inquiétant).

La communication entre personnes est aussi un bon exemple d'efficacité paradoxale. Nous savons tous intuitivement que la « communication » n'a (presque) rien à voir avec le contenu des messages échangés. Nous nous parlons sans doute moins pour échanger des messages, plus ou moins intéressants, que pour pouvoir être ensemble. Ainsi, dans la plupart des rapports humains, l'efficacité de la communication reste éminemment « paradoxale » par rapport aux objectifs énoncés. On peut parler d'une efficacité structurelle, plus large que celle que l'individu peut revendiquer, et qui recouvre des effets « inconscients », dans lesquels des boucles « autonomes », indépendantes de notre conscience, fonctionnent de telle sorte que l'individu est amené à dire : « C'est à mon insu. »

Le troisième niveau d'efficacité, en revanche, est « ouvert » : il concerne nombre de nos actions quotidiennes, prises dans des surdéterminations historiques qui ne sont pas immédiatement repérables dans le présent, qui le marquent bien au-delà des « effets de mode » et qui ne seront éventuellement comprises par ceux qui les vivent que bien plus tard, avec les successions de générations. C'est tout ce qui s'inscrit dans les processus de la « longue durée ». Ainsi, dans nombre de pays, et en France de façon caricaturale, le critère d'efficacité dominant de la génération des soixante-huitards – agir pour changer la société – a été subrepticement remplacé par un nouveau critère dans les années 1980, celui de contribuer au meilleur fonctionnement de l'entreprise.

Ces trois niveaux d'efficacité et d'action intéressent les différents niveaux d'existence des êtres humains et, bien sûr, ils sont toujours mêlés de façon indissociable. Nous sommes pris en permanence dans des processus multiples et complexes dont la compréhension globale nous échappe. Que je sois dans le métro et que sans m'en apercevoir j'écrase le pied d'une dame, ou que j'appartienne à une société emportée dans une grande épopée de conquêtes maritimes ou coloniales ; que je sois déterminé par des « mauvaises rencontres » avec des produits ou des conduites d'addiction qui me détruisent, ou que je sois la scène où des conflits qui proviennent de mes arrière-grands-parents continuent à se jouer à travers moi ; que l'on découvre ses penchants sexuels ou ses goûts musicaux, ou que l'on finisse par se rendre compte que nous sommes nés pour que certaines couleurs et certaines formes s'épanouissent à travers nous et que nous ne pouvons faire autrement que d'assumer cette donne-là… La liste est infinie, mais la question reste la même : nous, en tant qu'individus, en tant que consciences, sommes toujours surpris, dépassés, parfois même horrifiés par ce qui émerge, contre toute raison raisonnante, de cette singularité qui nous fonde.

Nous ne pouvons donc appeler simplement « action », dans le sens d'agir et non de pâtir, tout acte, tout agissement dans lequel nous sommes engagés. Il faut essayer de comprendre comment un nouveau comportement peut émerger sous l'effet des perturbations, au-delà des intentionnalités énonçables ou de la construction d'une « cohérence après coup » qui nous aide à nous approprier, tant bien que mal, ce comportement.

L'individu, lui, est condamné au niveau un de compréhension, ou d'incompréhension, dans lequel la seule efficacité repérable est celle qui s'inscrit dans la linéarité perçue par la conscience. Quand nous fonctionnons en tant qu'individu, nous sommes pris dans la croyance que « la fonction crée l'organe », dans l'illusion de la possibilité d'accéder à une compréhension globale de chaque événement. Or, le plus souvent, comme l'explique la théorie de l'émergence, cette hypothèse darwinienne des structures adaptatives ne résiste pas à l'analyse. C'est ce qu'a montré par exemple, dans le champ de l'évolution des espèces vivantes, Stephen Jay Gould : la formation et la pérennité de nouveaux organismes dépendent avant tout des couplages plus ou moins efficaces qu'ils arrivent à établir avec leur environnement [2].

De la même façon, les capacités d'agir de l'homme ne sont pas de nature adaptative. Le problème de l'individu par rapport à l'acte réside, avant toute chose, dans le fait que son instance consciente déploie un effort permanent pour essayer de rattraper, toujours en retard, ce qui existe déjà dans l'action. La conscience fonctionne en effet exclusivement à partir de représentations ; or la représentation du but d'une action n'est pas possible, du moins pas de manière complète, avant qu'elle commence effectivement.

Encore faut-il préciser cette notion de « représentation » : les organismes conscients agissent nécessairement en fonction d'un modèle interne, ou monde enacté. Ce modèle, qui produit les

2. Stephen Jay Gould, *La vie est belle. Les surprises de l'évolution*, Seuil, Paris, 1991.

images à partir du travail d'interconnexion des cellules compétentes de l'organisme, n'est pas en lui-même une représentation du monde extérieur ni du but du mouvement. Ce but est plutôt à comprendre comme la formation des couplages qui s'opèrent de façon non téléologique. Il n'est en aucune façon sa cause (version adaptative) ; mais certains mouvements finissent par déterminer de bons couplages qui permettent à l'organisme de se développer. Cela permet, peut-être, de mieux comprendre l'énoncé de la phénoménologie selon lequel le seul fait de jouer change et modifie les règles du jeu.

Action et décision

Si nous sommes, comme le dit Pascal, « embarqués », c'est que nous ne sommes jamais dans ce point idéal qui serait le point de vue de nulle part, parce que nous sommes situés dans l'espace, par notre corps, et que nous développons l'espace par le déploiement de ce corps. Pour une hypothétique conscience pure, sans histoire, sans racines, la question de l'existence pourrait consister en la recherche de la moindre asymétrie qui puisse permettre de disposer d'une pierre angulaire, d'un point de départ ontologique. Mais pour nous, qui ne sommes pas des consciences pures, pour nous qui existons, tout simplement, le fait d'exister en tant qu'êtres situés signifie très concrètement que nous expérimentons cette existence.

Nous expérimentons qu'il y a un haut et un bas, qu'il y a une gauche et une droite. L'expérience langagière est certes notre atmosphère, nous parlons et en même temps nous sommes « parlés » par la langue ; mais rien ne s'oppose à la compréhension du fait que nous sommes situés, que si nous sommes, comme le disait Lacan, des « parlêtres » ou encore, pour Heidegger, l'« étant qui parle », nous parlons parce que nous sommes situés, nous parlons à partir de notre expérience du mouvement, de l'espace, de nos muscles.

S'agissant de l'action, si elle se résume à l'ensemble des relations causales entre des événements qui se produisent en moi, en quoi puis-je dire qu'elle est « mienne » ? Qu'est-ce qui me permet de dire que je suis l'agent et non pas seulement la scène où des actions et des réactions se succèdent ? La langue nous impose le même mot, *action*, pour désigner à la fois l'effet d'un acide, les évolutions lentes, géologiques, ou dans la mécanique la relation entre l'énergie et le temps de son application. Cela n'est pas étonnant : l'étymologie du mot renvoie au verbe latin *agere*, « mener en avant, pousser ».

L'action est souvent identifiée au sentiment d'effort et de volonté, mais force est de constater que ces deux notions ne suffisent pas pour garantir qu'un acte relève d'un véritable *agir* : nous l'avons vu, très souvent nous croyons être engagés à fond dans l'effort et la volonté, alors que nous sommes en fait agis par un moteur purement extérieur. Goethe fait dire à Faust : « Ce qui n'agit pas n'existe pas... » Qu'au début il y avait l'action, ce n'est pas autre chose qu'affirme Socrate quand, pour définir le verbe, il dit que c'est le signe qui s'applique à l'action.

L'action, donc, doit pouvoir être distinguée du simple mouvement, à l'instar de la distinction que nous pouvons établir entre la chaîne des causalités et la raison suffisante ; car, dans l'action, il existe l'idée d'un événement qui admet, de la part d'un observateur extérieur, une description en termes d'intentionnalité. Mais en même temps, ce qu'on peut identifier comme intentionnalité du point de vue épistémologique relève du point de vue ontologique, de l'existence de ce « pli » qui donne au mouvement une discontinuité fonctionnelle, dans une continuité de l'étendue.

Par rapport à cet agir, pourtant, nous ne pouvons pas fixer la différence avec les mouvements que nous subissons, par le seul fait de croire que nous avons décidé les premiers pour suivre les seconds. La conscience, et même la « décision » n'existent que dans l'après-coup. Dès lors, décider signifie confirmer, accepter ou regretter au cours de l'action même ce dans quoi nous sommes déjà engagés, ou embarqués. On pourrait en conclure, un peu trop vite, que décider dans ces conditions relève d'un pur imaginaire, mais ce n'est pas le cas.

En revanche, ce qui est du registre purement imaginaire réside dans des croyances du style « âne de Buridan », par exemple la croyance en un homme (devenu plus bête que l'âne) qui peut mourir de faim parce qu'il ne peut pas se décider, et qui n'étant ni situé, ni marqué par l'histoire ou par son corps, regarde, paralysé, tous les possibles. En pratique, le champ des possibles est limité par le sous-ensemble des « compossibles » – ces possibles réalisables pour une singularité, dans la mesure où ils composent avec les autres multiples existants et arrivent donc à établir des couplages viables. Nous l'avons déjà dit, dans la multiplicité, tous les possibles ne sont pas réalisables. Être situé signifie très concrètement que notre champ des possibles est donné par et pour la situation, non pas comme une sorte d'injustice, mais en tant que condition existentielle de l'humain.

L'expérience nous montre qu'être embarqués signifie que nous sommes mus par des tropismes qui nous échappent largement et que nous pouvons assumer ou non, mais dont nous ne sommes pas le sujet *ex machina*. Nous pouvons, une fois de plus, utiliser l'image de la résultante des forces pour identifier cette tendance générale qui oriente nos vies. La résultante d'une multiplicité non dénombrable de vecteurs, lesquels sont constitués par des éléments biologiques, historiques, géographiques, familiaux, ainsi que par nos propres actions. Souvent, les hommes constatent avec surprise que cette résultante s'oriente, tout en les dirigeant, vers une direction qu'ils n'ont jamais volontairement empruntée.

« Ma vie n'est pas moi » devient ainsi un constat presque catastrophique, car pour l'humain qui se vit comme un individu, l'idéal réside dans sa capacité à diriger sa vie. L'individu moderne se plaint, et sa longue complainte, qui se résume à « ma vie ne me ressemble pas », n'est que le fruit de sa méconnaissance – souvent de son refus de connaître – et de son attachement à la croyance en un moment mythique où il aurait pu disposer de tous les possibles. « Ma vie ne me ressemble pas » exprime au quotidien la souffrance de nos contemporains qui, obnubilés par les images identificatoires dont ils sont porteurs, considèrent comme une pure injustice ce qui constitue pourtant leurs vies concrètes et réelles. Il ne faut pas voir là une position cliniquement délirante : il ne s'agit pas de quelqu'un qui croit pouvoir voler sans ailes ou être immortel. Bien au contraire, les possibles qui sont évoqués dans la complainte de l'individu sont en général très « raisonnables », du type « pourquoi pas moi ? ».

Ce qui structure cette plainte est l'idée que nous sommes tous issus de ce moment primordial où, étant des « feuilles blanches », des entités non prises d'emblée dans la multiplicité, tout nous aurait été permis. Pour la société de l'individu, c'est la seule option contre la fatalité, alors qu'en réalité c'est précisément par le fait d'être situés, d'assumer notre singularité qu'un éventuel accès à l'universel est possible. Le destin n'est donc pas à suivre comme un renoncement à la liberté, à l'agir ; bien au contraire, il s'agit d'enjamber cette séparation idéologique entre destin et liberté. Le choix est entre une liberté abstraite, qui nous condamne à l'impuissance, et les liens de la liberté concrète, au cœur de chaque singularité. Celui qui refuse d'accompagner son destin le subit comme fatalité.

L'universel abstrait nous laisse toujours dans la position de l'individu rempli de souhaits velléitaires. Nos contemporains, surtout ceux qui se targuent de vouloir résoudre les graves problèmes du monde, se comportent d'une drôle de façon. Qu'ils se disent réformateurs ou révolutionnaires, ils se comportent souvent comme un pâtissier qui voudrait faire un gâteau au chocolat, alors qu'il lui manque justement… le chocolat. La conclusion, pourtant, ne peut être une sorte d'abandon au conformisme en guise de sagesse, à la façon de ce que Leibniz appelle le « sophisme paresseux », attitude de celui qui, constatant le poids du déterminisme dans sa vie, se dirait : « Eh bien, à quoi bon faire quoi que ce soit, puisque tout est déterminé. » Comme le dit Leibniz, cette personne se trompe lourdement, parce que le déterminisme de la situation, loin de la saturer, pose devant nous ce qui se présente sous la forme d'un appel, une exigence, la « tendance à l'être ».

Le destin comme figure de la liberté

Quand nous parlons d'appel pour faire référence à l'articulation entre le destin et la liberté, nous ne faisons pas allusion à un quelconque moment extraordinaire ; nous parlons, bien au contraire, de quelque chose de très banal et ordinaire. Au fond de la déconstruction de l'image de l'humanité comme somme de tous les individus, nous trouvons tout autre chose : le fait que la vie est bien plus que notre propriété personnelle, dans la mesure où elle nous installe dans des dimensions multiples et profondes qui, loin de nous inviter à renoncer à notre chère vie, la développent. Nous entendons donc par « appel » cet ensemble pas très défini de tendances et de tropismes, qui nous lient avec notre paysage, notre époque et le monde. Que la vie ne soit pas quelque chose de personnel s'oppose ainsi à tout ascétisme volontariste, car il ne s'agit pas de renoncer à quoi que ce soit, mais d'élargir le champ des possibles.

On peut illustrer le contenu de cet « appel » par le cas des oiseaux migrateurs, qui à un moment donné de l'année « sentent » l'appel de la migration, l'appel du départ. Ces oiseaux sont, pour ainsi dire, « migrateurs taxinomiquement », car nous pouvons procéder à un rangement taxinomique des races d'oiseaux migrateurs qui correspond à une détermination génétique concrète. Et voilà que les oiseaux, indifférents à la taxinomie et à la génétique, « sont » migrateurs, donc... ils doivent migrer. L'appel en question tient à ce fait simple mais profond : pour être ce que nous sommes, nous devons fournir un effort. Quand Leibniz critique le « sophisme paresseux », qui justifie l'inaction par le fait que le libre arbitre serait pure illusion, il explique que si nous ne faisons pas cet effort, les choses ne resteront pas en l'état et qu'elles finiront pour se dégrader au point de disparaître.

Fournir un effort pour être ce que nous « sommes », voilà la formulation. L'être est tendance à l'être. On pourrait dire, en nous comparant aux oiseaux migrateurs, qu'il s'agit d'appels simples à comprendre, plus encore : impossibles à ne pas suivre, mais cela n'est pas entièrement vrai puisque ni l'effort ni son résultat ne sont jamais garantis à l'avance. L'effort pour perdurer dans son être est la définition même du *conatus* spinoziste, dans lequel s'articulent, d'une part, une absence totale de finalisme téléologique (puisqu'il s'agit de l'être comme finalité autoréférentielle) et, d'autre part, un effort à fournir qui ne correspond pas à une cohérence donnée dans l'après-coup de l'individu, ni à une construction abstraite, ni au fruit d'une activité « communicationnelle ».

C'est ici, en effet, que se joue la question de l'action : comment pouvons-nous justifier rationnellement la distinction entre ce qui nous arrive et ce qui, pour nous, est un agir ? Le problème est que l'agir ne peut justement pas être distingué par la nature même du mouvement : l'action de base en biologie, hors toute insertion dans un contexte, est définie comme étant un mouvement asémantique par excellence, qui ne veut rien dire pour personne, puisque aux différentes dimensions d'existence nous sommes en permanence dans des boucles, dans des fonctionnements que nous ne pouvons sans doute évoquer que tout simplement comme « ce qui nous arrive ».

La question reste alors entière : au nom de quoi puis-je définir un agir comme étant « réellement » distinct d'un pâtir ? On serait tenté d'adopter comme critère d'une action véritable le fait qu'elle répond à un but précis. Mais l'idée de but reste beaucoup trop téléologique, elle déborde de façon trop idéaliste notre position, qui se limite au constat que l'agir comprend les actions qui correspondent à l'essence, au concept de *conatus*. La confusion est pourtant grande entre les buts que la société de l'individu nous propose, et l'agir, comme l'avait bien vu Nietzsche : « Il est absurde de vouloir infléchir sa nature vers quelque but que ce soit. C'est nous qui avons inventé l'idée de but ; dans la réalité, le but n'existe pas... On est nécessité, on est un fragment de fatalité, on relève du tout, on est dans le tout, il n'existe rien qui puisse juger, mesurer, comparer, condamner le tout ; or il n'y a rien en dehors du tout. » Et il conclut : « Que le monde ne soit une unité ni comme *sensorium* ni comme esprit, c'est par là que commence la grande libération [3]. »

C'est pourquoi ce que nous pressentons comme l'« appel » ne relève en aucun cas d'une décision, d'un choix de « franchir le Rubicon » ; il n'existe pas de tels franchissements, l'appel n'est jamais autre chose que perdurer dans un effort infinitésimal, que seulement après on pourrait qualifier de franchissement du Rubicon. Il ne s'agit pas d'entendre un appel à la Jeanne d'Arc (« bouter les Anglais hors de France »), ni de quoi que ce soit qui évoquerait un passage vers l'extraordinaire. Il s'agit, bien au contraire, de repérer dans chaque situation concrète les asymétries infinitésimales qui nous défient et nous convoquent. Le philosophe Georges Canguilhem décrit très clairement ce fonctionnement de l'appel : « L'organisme sain cherche moins à se maintenir dans son état et son milieu présents

3. Friedrich NIETZSCHE, *Le Crépuscule des idoles*, Gallimard, coll. « Idées », Paris, 1985, p. 51.

qu'à réaliser sa nature. Or cela exige que l'organisme, en affrontant des risques, accepte l'éventualité des réactions catastrophiques[4]. »

Qu'il y ait appel signifie donc justement qu'il n'y a pas de but, et que penser ou agir en termes de but, dans le meilleur des cas, relève d'un fantasme, ou, pire encore, conduit à des actes de barbarie du type « table rase » à chaque fois qu'on prétend donner des buts à la vie, comme si la vie n'était pas elle-même son propre objectif. La brutalité de l'homme moderne consiste, fondamentalement, à se comporter comme s'il existait des buts, avec la conséquence inévitable de rendre « transitives » les situations actuelles. Ce qui existe concrètement devient ainsi moyen, au nom des buts à atteindre, tout en ignorant que la seule situation qui existe est la situation présente et multidimensionnelle qui contient en elle le passé et l'avenir. L'homme des « buts » fait du présent un maintenant, un moment unidimensionnel qui n'existerait qu'en fonction du futur.

Une fois encore, l'individu préfère en permanence ce qui n'existe pas réellement, le but, à ce qui existe, la situation. L'homme de la société de l'individu est ainsi celui qui attend, tout au long de sa vie réelle, que la « vraie vie qu'il imagine » commence. L'individu est ce personnage de la tristesse, qui erre dans sa propre frustration, sans réaliser qu'on ne peut être frustré de ce qui n'a jamais été une possibilité réelle. La frustration, la névrose banale de nos contemporains est née pour l'essentiel d'une illusion narcissique ; elle est une façon cachée de s'accrocher à l'idéal de toute-puissance puisque à travers elle l'individu, même s'il se sent frustré d'un million de choses, garde souvent une très bonne idée de lui-même et continue à se prendre pour celui qui aurait pu faire un million de choses. Et cet « aurait pu » est plus fort que tous les possibles à développer dans et par chaque situation. L'homme de la frustration est celui qui, en se donnant des buts, tourne le dos aux appels.

4. George Canguilhem, *Le Normal et le Pathologique*, PUF, Paris, 1966.

Le mal, ombre du bien

Nous devons comprendre alors l'appel comme cette tendance ou cet ensemble de tropismes qui nous lient non pas aux objectifs utilitaristes que la société nous propose, mais aux situations. L'appel est ce qui nous lie au paysage, à l'ensemble des situations qui par couplages successifs déterminent des mondes stables et en développement. Pour une personne, ces « asymétries » représentent l'appel de façon très claire, et plus on y répond, plus elles deviennent claires et multiples. Nous pouvons par exemple penser à celui qui devient résistant, qui, en découvrant peu à peu l'oppression et l'injustice, agit et bouge, s'engage de façon infinitésimale. Dans le récit après coup, il existerait un jour J où il aurait pris tel ou tel engagement et qui sera nommé la « décision » ; mais en réalité, ce jour-là n'a été qu'un jour de plus dans le devenir infinitésimal qui précède, prépare et rend cet engagement inévitable pour la personne. Par inévitable, je ne veux pas dire qu'il arriverait « fatalement », au contraire : à l'instar des oiseaux migrateurs, il ne suffit pas d'être migrateur, encore faut-il migrer. Pour le résistant, c'est la même chose : il n'y a pas un être résistant comme substance ; le résistant doit résister, perdurer dans l'effort.

Parallèlement, comme la réponse à cet appel ne relève pas de grandes épopées, il peut aussi arriver qu'un membre des forces de répression se trouve un jour confronté à la possibilité de ne pas faire tout à fait les mêmes barbaries que les autres. Il n'est pas question pour lui de devenir, tout à coup, un dissident répondant à un solennel « Lève-toi et marche » : l'appel est toujours infinitésimal, le tortionnaire pourra un jour tout simplement ne pas faire une saloperie de plus ; voilà son « acte », qui aura le même caractère total et infinitésimal que celui du résistant. Il aura autant d'effort à fournir que le résistant ou que toute personne qui s'efforce d'être ce qu'elle est. Le tortionnaire, lui aussi, est un humain, et son effort va dans ce sens-là. Il n'y a pas dans la vie concrète des gens des jours J. Il y a des jours dangereux ou plus ou moins importants ou graves, c'est évident, mais personne ne se réveille pour se découvrir du jour au lendemain résistant, chercheur ou coureur de fond.

On pourrait nous objecter que le fait de devenir tortionnaire pourrait être aussi le résultat d'un effort de la personne, de sa réponse à un appel. Et je répondrais qu'il n'y a aucun tortionnaire pour dire que c'est bien de torturer ; beaucoup sont prêts à justifier l'acte, mais en situation tout le monde sait où est le défi. La torture s'inflige toujours au nom de la maladie sociale qui consiste à croire en des buts majeurs, donc à nier le présent réel au nom d'un futur imaginaire. Le bourreau vous dira qu'il commet un mal pour accomplir un bien, qu'il utilise un moyen mauvais pour garantir une très bonne fin.

Aucun acte de barbarie n'est commis dans l'ignorance de son caractère barbare : même quand son protagoniste le revendique, même quand il ne se prive pas de jouir de son acte, il sait pertinemment qu'il commet le mal, non pas parce qu'il possède une conscience morale, mais parce qu'en situation il aura besoin de fournir et même de se fournir toutes les justifications possibles ; en revanche, l'acte de résistance, l'acte de création, tous les actes d'amour sont justement ceux qui n'ont pas besoin de justification transitionnelle : ils sont autojustifiés, dans, par et pour la situation. Dans la tradition néoplatonicienne, le mal est une simple privation de bien, il n'existe pas un moteur du mal, qui serait symétrique de celui de la vie. Nous pouvons certes voir le mal, au départ, comme une sorte de fainéantise, de surdité sélective, ou même d'addiction ; mais il ne sera jamais autre chose que l'ombre du bien, et par « bien » nous entendons le simple développement de la vie, pour et par les situations concrètes que nous habitons.

Le dernier mot dans cette affaire est très simple. Nous ne pouvons penser le monde sans le mal, sans une partie de barbarie, mais ni la violence ni la barbarie ne construisent et préservent le monde. Si le « bien » doit être compris comme ce qui tend vers la construction, le mal est à définir, à la façon de Spinoza, comme ce qui tend vers la destruction, la diminution de puissance dans une situation. Or, aucune situation ne peut exister seulement avec des forces de destruction, il faut bien qu'elle comporte un minimum de construction, de liens, autrement elle disparaîtra. Il n'existe donc pas de « mal » ou de « bien » dans l'abstrait, mais seulement dans le concret de la situation, dans l'ici et maintenant, là où il nous est toujours donné, même de façon confuse, de repérer ces asymétries, ces points infinitésimaux que sont les appels. Nous sommes donc bien loin d'une morale de la volonté, qui fonderait la lutte du bien contre le mal : la volonté renvoie à une tout autre constellation, celle qui part d'un sujet individuel placé face au monde qui déciderait de traverser le Rubicon et se lancerait à la tâche, maître de soi-même et de son destin.

Nous l'avons dit, nous nous situons dans un point de vue où le mouvement est toujours déjà là et non pas à mettre en marche depuis un « moteur immobile » : quand à un moment donné nous réalisons que nous sommes sur la voie de répondre à un appel, la prise de conscience de cette action que nous sommes en train d'exécuter nous plonge dans le défi de réfléchir et travailler pour fournir le premier effort, celui de tester s'il s'agit bien là d'une véritable asymétrie, d'un véritable appel situationnel. Ainsi, l'hypothèse sophistiquée selon laquelle l'essence d'une personne pourrait être de détruire et de faire le mal reste enfermée dans sa superficialité, car même pour le « méchant professionnel » la question reste la même, à savoir qu'une situation faite de seule destruction ne peut perdurer.

Et si le « mal », en tant qu'ombre du « bien », reste inévitable, il est, d'une part, inévitablement second, comme toute ombre, et, d'autre part, il est sans être. C'est pourquoi la fascination que le mal exerce chez nos contemporains n'est même pas maladive, elle est stupide, car il y a dans cette attitude esthétisante un faux-semblant qui cache mal la fainéantise du geste ; comme il est toujours plus dur de répondre à l'appel, le mal prend, dans l'esthétisme contemporain, la place d'un « absolu au rabais », un simulacre d'absolu en tout convenable aux petites personnes paresseuses qui se laissent séduire par lui et qui le trouvent en général d'autant plus attrayant qu'il est lointain.

L'essence est ainsi le mode par lequel le monde s'exprime à travers chaque singularité. Elle n'inaugure pas un régime de solipsisme, car, au contraire, n'advenant à l'existence que comme multiple parmi des multiples, son déploiement n'est pas du type « tout est possible », et son existence ne sera déterminée et rendue possible que par les couplages successifs qui déterminent le paysage auquel nous appartenons. Leibniz décrit cette limitation des possibles par ce que nous avons déjà présenté sous l'image d'un sous-ensemble : les possibles infinis comportent en leur sein des singularités que nous pouvons reconnaître comme des « compossibles ». Notre géographie intérieure est ainsi dessinée par notre essence, qui existe comme puissance se déployant à travers ce qui est non pas possible dans l'absolu, mais compossible pour et par les situations auxquelles nous participons et qui nous constituent.

Ce qui est fondamental, dès lors, sera de rechercher l'articulation, la tension entre les tendances qui nous caractérisent et les « compossibles » qui nous déterminent. Accepter que tout n'est pas possible, que nous devons connaître nos compossibles dans chaque situation, loin de diminuer notre puissance, est ce qui crée de nouveaux possibles pour nous et pour les situations. C'est pourquoi nous devons essayer de comprendre cette liaison ontologique à l'origine de l'appel qui exprime, sous une forme déterminée, le paysage auquel nous appartenons et qui existe à travers nous.

9

Utilitarisme et perception

Normalisation et unidimensionnalisation

Dans un de ses dialogues, Platon fait discuter Socrate avec un sophiste pour qui l'objectif final du berger serait, tout simplement, celui d'arriver au jour où il conduira les bêtes au marché pour les vendre… Si aujourd'hui la plupart de gens auraient tendance à être d'accord avec le sophiste, à l'époque de Platon, l'idée que l'objectif du berger pourrait être de « vendre la bête » était considérée au moins comme une originalité, sinon une erreur, voire une vulgaire canaillerie. En effet, le cycle de la vie du berger dans la prairie, avec ses bêtes, entouré des loups et d'autres prédateurs, soumis aux caprices des saisons et du climat, constitue une véritable constellation, un mode de vie qui, n'étant en rien orienté par un objectif utilitariste, amène à une expérience d'harmonie profonde.

Pour ce berger qui entretient des rapports privilégiés et singularisés avec ses bêtes, qui les soigne avec la même attention qu'il aura plus tard pour les aider à mettre bas et qui confie leur garde à son chien, certain que, même sans savoir compter, l'animal est capable de savoir en permanence s'il lui manque un mouton, tout cela, pour le berger, ne pourrait jamais s'ordonner d'une façon simpliste, lisible et transparente, d'après une grille de lecture utilitariste. Chaque rapport du berger avec ce qui l'entoure, ses moutons, les autres humains, le soleil, la neige, n'est ordonné que par le fait qu'il est berger. Il participe entièrement, et au même titre que chacun des autres éléments du multiple, d'une constellation, d'un paysage. Dans ce contexte, essayer d'extraire un moment, par exemple celui de la vente, quand le berger reçoit l'argent, et dire que c'est ce moment-là qui donne le sens et la signification à la constellation entière serait parfaitement arbitraire.

Nous voyons bien (malheureusement trop bien) où réside le piège, le sophisme de notre époque, qui nous ferait accepter comme naturel que le seul objectif du berger puisse être de vendre ses moutons, au point que, s'il pouvait se passer des moutons et avoir directement l'argent, cela serait même beaucoup mieux. Nous lui conseillerions, par exemple, d'arrêter l'élevage extensif, d'élever ses moutons de façon à perdre moins de temps, puisque le temps c'est de l'argent… Le problème est que nous sommes ici face à deux logiques, deux formes d'être tellement opposées, tellement étrangères l'une à l'autre, que le dialogue serait délirant, ou tout simplement impossible. Car le berger, dans son rapport au temps, ne le gagne ni ne le perd : il vit sa vie de berger, dans laquelle le moment de la vente n'est qu'un point de plus dans un cercle, et il n'a aucune raison pour tracer vers ce point-là une sorte de tangente, un point d'arrêt qui le démarquerait du reste. C'est en faisant cela, pourtant, que l'utilitarisme crée une sorte de téléologie eschatologique – où le sens du tout est pré-donné, toujours clair et évident – selon laquelle nous saurions à chaque moment « à quoi sert la vie ». Mais contrairement au prétendu empirisme matérialiste des utilitaristes et des économistes, « servir » renvoie bien ici à une position métaphysique, magique.

Privilégier un moment – que ce soit celui de la vente, celui de la mise bas ou les longues heures de pâturage, peu importe – implique toujours une lecture qui, en séparant arbitrairement un élément d'un ensemble concret, unidimensionnalise le monde dans lequel cet élément s'inscrit. Plus encore, on peut dire que la disciplinarisation imposée par cette singularisation provoque, d'une certaine façon, la disparition du berger, de son monde, de la constellation où il existait. L'utilitarisme procède ainsi à la fabrication idéologique d'une sorte de perception normalisée dans laquelle le tout, complexe et contradictoire, doit disparaître derrière l'objectif utilitaire.

Dans son « Essai sur le don », consacré aux techniques et modes d'échange des cultures non capitalistes, Marcel Mauss écrit : « Mais tout est conçu comme si c'était une lutte de richesse. Le mariage des enfants, les sièges dans les confréries ne s'obtiennent pas qu'au cours de potlatchs échangés et rendus. On perd au potlatch comme on les perd à la guerre, au jeu, à la course, à la lutte. Dans un certain nombre de cas, il ne s'agit même pas de donner et de rendre, mais de détruire, afin de ne pas vouloir même avoir l'air de désirer qu'on vous rende. On brûle des boîtes entières d'huile d'olachen ou d'huile de baleine, on brûle des maisons et de milliers de couvertures ; on brise les cuivres les plus chers, on les jette à l'eau, pour écraser, pour aplatir son rival (comme pour honorer un invité). Non seulement on se fait ainsi progresser soi-même, mais encore on fait progresser sa famille sur l'échelle sociale. Voilà donc un système de droit et d'économie où se dépensent et se transfèrent constamment des richesses considérables. On peut, si on veut, appeler ces transferts du nom d'échange ou même de commerce, de vente ; mais [...] quand il est fait dans un autre esprit, en vue du gain immédiat, il est objet d'un mépris bien accentué [1]. »

Cette citation permet d'évoquer avec Mauss cet autre monde, celui où les échanges ne sont en aucun cas quantifiables seulement en termes de gain et de profit. Dans les univers non soumis aux lois toutes-puissantes de l'économie, il existe ainsi un fort contenu sacrificiel qui, pour nos contemporains, peut apparaître comme pur obscurantisme et barbarie. Dans les échanges non utilitaristes, la marchandise échangée n'est pas tout à fait séparée du producteur : quelque chose du producteur passe a la marchandise, subsiste dans l'échange qui devient, alors, un échange ritualisé, un échange de liens, de composition sociale, de sens au pluriel.

Le texte de Mauss peut nous sembler décrire des comportements délirants, parfaitement étrangers à nos sociétés qui se veulent si rationnelles. Et pourtant le côté sacrificiel de l'échange,

---

1. Marcel MAUSS, « Essai sur le don », *in Société et anthropologie*, *op. cit.*, p. 200.

son contenu ritualisé, non comptabilisé par la vision utilitariste, y est toujours présent, même si c'est d'une façon singulièrement perverse. Quand des millions de fruits ou de légumes sont brûlés ou jetés à la mer pour préserver l'économie des pays riches, alors que d'autres peuples meurent de faim, il s'agit bien de sacrifier des vies au dieu argent, sans autre logique que celle de l'argent lui-même.

Dès lors, l'illusion de nos sociétés qui prétendent fonctionner sans échanges sacrificiels, sans potlatch, est un simple, mais très dangereux refoulement de la réalité, susceptible d'amener ces sociétés, qui restent sacrificielles malgré elles, à devenir, tout entières, objet du sacrifice. Le dieu économie est certainement le plus cruel que notre Olympe utilitariste ait engendré. Et notre époque n'est pas exempte des pratiques barbares au nom desquelles hommes, enfants, forêts, animaux sont sacrifiés sans cesse. Le potlatch n'est pas un rituel passé que nous devrions étudier pour mieux comprendre des époques supposées obscures et dépassées. Cette définition de Mauss vaut aussi pour nous : « Car le potlatch est bien plus qu'un phénomène juridique ; il est un de ceux que nous proposons d'appeler "totaux". Il est religieux, mythologique et chamanistique, puisque les chefs qui s'y engagent y représentent, y incarnent les ancêtres et les dieux, dont ils portent le nom, dont ils dansent les danses et dont les esprits les possèdent [2]. »

Penser que nous serions une culture qui ne « croit plus » revient à tomber dans la pire, la plus dangereuse des croyances. L'utilitarisme, avec son objectif de profit, est le nom donné aujourd'hui au contenu sacrificiel refoulé, mais toujours actif, dans nos sociétés. À l'extrême opposé du berger, nos contemporains ont beaucoup de difficulté à sortir de l'idée dominante que l'objectif fondamental et unique de toute production, de presque toute activité humaine est le moment du profit, de la vente.

Toute question sur le sens et sur son fondement, le « non-sens », est toujours évacuée par un trop de sens, par un sens unique. Louis Althusser définissait l'idéologie comme un discours dans lequel les réponses précèdent les questions. Notre époque, qui se prétend si lucide, est en fait celle du triomphe de

2. *Ibid.*

l'idéologie sur la pensée complexe. Nous sommes les victimes (et les complices) d'une époque saturée de sens, où aucun non-sens n'est toléré.

Cette époque est à ce point marquée par la victoire du capitalisme que le fait même de produire des objets pour le marché est devenu une « mauvaise affaire ». Pour l'idéal contemporain qui aspire à fonctionner purement dans le monde de la finance et des spéculations boursières, tout le reste de la constellation, c'est-à-dire la vie des gens et la production même, est devenu encombrant par rapport aux profits escomptés. L'utilitarisme des marchands, des financiers et des banquiers donne ainsi une illusion de transparence à tout ce qui dans le complexe de l'existence reste pourtant indissociable, non orienté ni orientable.

Il existe, pour toute constellation complexe, un « non-savoir sur l'ensemble » qui s'articule très bien, sans aucune contradiction, avec des savoirs spécifiques qui concernent des situations multiples intervenant dans l'ensemble. Ainsi, on peut savoir beaucoup de choses sur les pâturages ou sur les chiens, et aussi, pourquoi pas, sur le marché et les marchands : l'ensemble de ces savoirs peut être cohérent, mais seulement dans la mesure où aucun d'eux ne prétend effacer ce constat que, même si nous savons « des choses » de cette constellation, nous ne pouvons jamais savoir le pourquoi, le sens final de son existence même, puisque nous en faisons partie, en intériorité.

Technique et perception utilitariste

La technique et l'hégémonie économiste procèdent, ensemble, au forçage nihiliste qui caractérise notre monde, car elles éliminent d'emblée, dans leurs visions du monde, tout ce qui résiste à leur lecture utilitaire. Celle-ci donne un sens unique à toute activité humaine – qu'elle concerne les hommes, les plantes, la terre, l'air ou les animaux. Mais le non-sens ainsi refoulé reviendra toujours, bien entendu, sous la forme d'une myriade de comportements barbares, souvent inexplicables pour nos contemporains. La violence que l'utilitarisme inflige à l'existence, par l'écrasement d'autant de ses dimensions, toujours au nom des Lumières, de la raison économiciste, revient sous la forme paradoxale et terrible d'un nouvel obscurantisme. Et les hommes, ayant cultivé patiemment leur ignorance, ne peuvent que se lamenter face à la barbarie et l'horreur, sans s'en sentir en aucune façon responsables, sans même se rappeler toutes ces constellations que l'utilitarisme a laminées.

Il resterait à s'interroger sur la façon dont les choses ont pu s'agencer pour en arriver là. Face à la construction d'une perception normalisée et disciplinée par l'utilitarisme, nous devons nous demander dans quelle mesure nos propres perceptions intérieures ne sont pas aussi liées à la technique, sachant que les objets techniques forment de véritables couplages avec nos propres systèmes cérébraux. Nous l'avons vu, les images que nous construisons ne dépendent plus uniquement, comme c'est le cas pour les animaux, de nos capacités neurophysiologiques, elles s'accouplent avec des prothèses techniques, ainsi qu'avec la culture que ces objets techniques façonnent, pour déterminer l'émergence d'images différentes de celles qui existaient dans d'autres époques et d'autres cultures.

L'homme de la technique n'est donc pas le même que celui des sociétés non techniques, par le simple fait que les organes de production du « monde », les cerveaux, s'articulent avec des objets techniques qui produisent ainsi un monde différent. Cela ne veut pas dire qu'il aurait existé une époque « cristalline », où l'homme n'aurait pas possédé de techniques ; il en a toujours possédé, mais aujourd'hui, c'est lui, c'est l'époque même qui sont possédés par elles et notamment par les combinatoires économiques. Si chaque espèce construit un monde à partir des perceptions qu'elle produit, le monde de l'utilitarisme a façonné un *homo utilitarius*, cet être qui, dans sa profonde tristesse, vit définitivement exilé de lui-même. Le monde construit par la séparation utilitariste est celui du triomphe final de la séparation, séparation de la vie d'avec elle-même. C'est pourquoi, loin de toute interprétation vitaliste, nous pouvons comprendre qu'aujourd'hui la vie elle-même devient résistance à cette tendance.

Si, dans les premières cultures, l'utilité de la technique est au service des constellations complexes, c'est-à-dire de la vie, dans les civilisations plus récentes, la vision utilitariste a pris le pas sur le caractère ontologique de la constellation. Autrement dit, la technique a saturé, avec son propre sens, le devenir multiple de la constellation. Les objets techniques, utiles par définition, ont fini par imposer l'idée que l'homme lui-même aurait une « utilité ». C'est ainsi que la technique est devenue sens et interprétation.

La fonction crée l'organe

Nous connaissons tous la vieille croyance selon laquelle « la fonction crée l'organe ». Dans cet univers où tout est devenu technique, les sociétés et les hommes seraient, ainsi, des organes, des artefacts techniques qui auraient leur « utilité » comme raison de vivre. Il s'agit là d'une téléologie métaphysique classique, à partir de laquelle tout ce qui existe n'est qu'épiphanies de formes qu'un sens caché et ésotérique viendrait orienter. Le grand « manitou » tire les ficelles depuis un angle mort.

Comme le dit Deleuze, l'existence ou non d'une telle instance est une question qui ne regarde pas la philosophie et, bien entendu, encore moins la science. En revanche, nous constatons que différentes formes d'existence et de vie émergent et évoluent, en s'accouplant plus ou moins bien avec d'autres formes d'existence, et que rien dans ce foisonnement ne nous fait conclure à un ordre caché, à un chemin à dévoiler. De la même façon, les organes fonctionnent chacun selon un mode spécifique, sans que pour autant ce qui depuis notre point de vue humain apparaît comme la « fonction principale » d'un organe puisse jamais être autre chose que l'expression, plus ou moins heureuse, d'une partie du fonctionnement de l'organisme. Si, par exemple, nous croyons que la fonction d'un arbre est de nous donner de l'ombre, nous tombons dans le même réductionnisme que celui consistant à croire que parce que nous nous articulons d'une certaine manière avec une chose, cette manière est « la fonction » au nom de laquelle la chose existe. Si nous sommes, peut-être, nombreux à ne pas croire vraiment que l'arbre n'existe que pour nous donner de l'ombre, des multitudes croient en revanche que les institutions, les villes, les actions, les œuvres des hommes sont clairement orientées par une fonction unique, tout simplement parce qu'elles sont faites et produites par les hommes.

Le seul cas de figure dans lequel la fonction prédomine sur l'existence de l'« organe » est celui des objets techniques : là où nous composons, en prenant des morceaux de choses, une nouvelle chose, laquelle n'existe pas d'après les lois de ses composantes, sinon sous le forçage de sa nouvelle « nature technique ». C'est le contraire d'une chose qui existe d'après ses propres lois, comme multiplicité complexe, non réductible à une fonction déterminée par nous. Pour mieux comprendre cette idée, nous devons retourner au *conatus* chez Spinoza, cette tendance des choses « à persévérer dans leur être ». Ou bien, encore, à Leibniz, pour qui la « raison suffisante » d'une chose ou d'un être est la chose ou l'être même. Au-delà de cette position philosophique, nous passons obligatoirement dans les croyances, ces sortes d'enveloppes « anxiolytiques » qui accompagnent les pratiques et les vies des hommes.

La technique et l'économisme ne sont plus de simples métaphores, ils sont devenus, concrètement, monde. Ils composent un monde différent, à leur image, où tout est à évaluer en termes d'utilité, sans que la plupart d'entre nous, les humains, soyons capables de répondre à la simple question : « Utile à quoi ? » Il ne s'agit pas, pour autant, de diaboliser la technique et ses effets ; la véritable question consiste à essayer de faire que la technique ne soit pas la voie unique, le sens unique de nos vies. Le seul danger que la technique et l'économisme représentent pour la vie réside dans la tendance hégémonique, voire monopolistique, qu'ils suivent de nos jours.

Comme l'écrit Joseph Combes dans son introduction au traité *Des premiers principes* de Damascius, « les formes d'aliénation de l'essence de l'homme apparaissent lorsque la série anthropologique se bloque en l'un de ses termes ; sur le poétique, le pur pratique, le pur théorique. Ce n'est jamais qu'un homme unidimensionnel qui se condamne à mourir. L'étouffement de nos sociétés de consommation et de production ne peut que s'accroître avec le despotisme du schème de la prise… Mais, à une technique sans moralité, il n'est pas meilleur d'opposer un moralisme sans corps et sans esprit[3]… »

3. DAMASCIUS, *Des premiers principes*, *op. cit.*, p. 58.

Il ne s'agit donc pas de « moraliser », dans le narcissisme et l'impuissance, contre la technique, mais de produire, de créer d'autres pratiques qui ne soient pas immédiatement aliénées aux critères techniciens et économiques de « performance », d'autant plus que nous n'avons pas de modèles ontologiques par rapport auxquels établir la « performance ». Performante, la vie ? Peut-être, mais, par rapport à quoi ? Si nous pouvons, en revanche, dire que nous connaissons l'utilité des objets techniques, c'est parce qu'ils sont, on l'a vu, des choses « à l'essence détournée », lesquelles, une fois construites, n'existent pas comme résultante des éléments qui les composent. Bois, fils électriques, plastiques, minéraux… peu importe, nous savons bien que chaque composant d'un objet technique est impliqué dans ce forçage qui va le rendre utile pour l'homme.

Ces objets, dans leur forme finale, connaissent une véritable discontinuité avec les soubassements de chacun de leurs composants. Ils n'émergent pas d'un soubassement commun : un marteau ou un ordinateur sont des étants qui n'existent que dans la dimension de leurs articulations utiles. C'est ce qui différencie le parasol de l'arbre : le premier, au-delà de ses composantes disparates, participe d'une fin univoque et pratique ; alors que le second nous permet de jouir de son ombre sans que nous puissions pour autant en déduire son essence multiple et complexe.

En fin de compte, ce que certains philosophes dénoncent comme le royaume universel de la technique part exactement de ce point-là. L'homme des sociétés « possédées » par la technique aurait tendance à croire que toute chose (y compris lui-même) existe à l'instar du parasol, avec une fonction concrète et utilitaire, lisible et déclinable. C'est le royaume du panoptique, là où l'illusion de transparence plonge inévitablement la raison, éblouie par les « lumières », dans l'opacité la plus redoutable.

10

Quelle théorie de la connaissance ?

Le concept de x-tolérance, que nous allons examiner dans ce chapitre, a surgi pendant le déroulement d'une recherche sur la langue des signes utilisée par les sourds. Cette recherche m'avait révélé, de façon inattendue, que les mécanismes par lesquels les sourds construisent leur conceptualisation du réel ne diffèrent pas de ceux mis en œuvre par les chercheurs en sciences dites exactes dans leur travail de recherche. Avant d'évoquer les étapes qui m'ont amené au concept de x-tolérance, et pour permettre de mieux comprendre son importance, je voudrais m'arrêter sur les trois grandes approches traditionnelles de la théorie de la connaissance et de la pensée en général.

L'hypothèse de x-tolérance

La première, qui inclut des familles très opposées en philosophie, comme la métaphysique aristotélicienne et le positivisme le plus terre à terre, considère, depuis Aristote, que la forme préexiste en puissance pour advenir, éventuellement, à travers l'acte, comme dans le fameux exemple de la statue qui se cacherait dans le marbre. Ou comme dans la position ouvertement positiviste déjà décrite et qui aujourd'hui reste encore largement dominante, qui conçoit la connaissance comme une activité de découverte de territoires noirs, de l'inconnu, et la vie comme un chemin sur lequel on avance en dévoilant.

La deuxième position, qui a aussi une longue tradition dans l'histoire de la pensée, dit que la connaissance relève d'une construction, plus au moins subjective selon les auteurs, et que cette construction doit son efficacité, sa véracité à la bonne organisation interne du modèle. Loin de tout dévoilement, la réalité humaine est conçue comme entièrement coupée de tout « en soi ». Pour le dire en termes plus modernes, cette approche constructiviste est celle de certaines tendances néokantiennes qui gardent le « pour soi » et font tout pour se débarrasser de l'« en soi », comme si le phénomène de la construction de la connaissance chez Kant pouvait se passer de la chose en soi (mais, ainsi, c'est Kant lui-même qui disparaît, parce que, pour lui, la chose en soi n'a jamais été une hypothèse secondaire).

Dans la troisième approche, qui est aussi la nôtre, la connaissance, le connaissant et l'objet à connaître relèvent de niveaux d'existence conjoints, ils émergent du même substrat phénoménal. La connaissance, dans cette approche, n'est pas un phénomène qui s'accomplit dans un rapport d'extériorité avec l'être, elle est elle-même une dimension de l'être. Après avoir renoncé à la recherche d'une vérité idéale ou constructiviste, la notion de x-tolérance soutient ainsi que toute hypothèse, tout énoncé et tout concept sont, simplement, plus au moins tolérants par rapport au réel comme fonction de vérité. C'est cette fonction de vérité du réel que nous nommons « x », et c'est elle qui déclare plus ou moins puissante, plus ou moins tolérante par rapport à la constellation dans laquelle elle s'inscrit, l'hypothèse en question. Dans cette optique, ce qui distingue les énoncés « la Terre est plate » et « la Terre est ronde » n'est pas une différence de quantité de vérité dévoilée, ni une différence d'efficacité entre deux modèles qui n'auraient l'un et l'autre aucun rapport avec une réalité extérieure, mais une différence de puissance.

Toute hypothèse, en vertu même de son x-tolérance, est appelée à être « régionalisée » à un moment ou autre. Régionalisée ne veut absolument pas dire relativisée, mais que, l'hypothèse n'étant pas vraie dans tous les mondes et dans toutes les régions possibles, elle l'est au moins pour une région concrète. Ainsi, si l'on veut mesurer un terrain, aussi grand soit-il, mieux vaut partir de l'hypothèse que la Terre est plate. Dans cette situation-là, et pour ce monde-là, effectivement, cette vérité correspond entièrement à ce que nous nommons « vérité de perspective » – ancrage ontologique dans un point de vue, dans une constellation où les corps s'accouplent de cette façon-là et pas autrement.

Il n'y a là aucun relativisme, sur le mode « à chacun sa vérité ». Cela signifie seulement que dans cette situation-là, cette hypothèse est x-tolérante dans la mesure où elle ordonne ce monde et cette constellation spécifiques dans un absolu que nous allons nommer, pour reprendre le concept hégélien, un universel concret. Mais disons-le d'emblée, dans l'x-tolérance, il n'existe pas d'universel abstrait autre qu'imaginaire : aucun énoncé ne sera jamais vrai dans tous les mondes possibles, le « point de vue de nulle part » n'existe pas – point de vue qui constitue pourtant l'aspiration imaginaire et nihiliste de l'idéologie de l'individu, cet être qui serait au-delà de toute racine, de tout corps, et qui ne constaterait sa propre existence qu'au travers de la pensée (« Je pense, donc je suis »).

Du point de vue de la théorie de l'émergence, c'est à travers l'être que nous arrivons à constater la pensée. Et quand nous disons que tout énoncé est x-tolérant, nous disons que tout énoncé est porteur d'une vérité, et que cette vérité est un rapport plus au moins puissant avec x, x étant non pas un mystère comme savoir supérieur mais la vérité comme fonction de classification. La vérité, pour nous comme pour d'autres auteurs de la tradition épistémologique moderne, n'est pas un énoncé supérieur, mais un effet de structure.

Si pour mesurer un terrain, par exemple, on avait raison de penser la Terre comme plate, pour calculer la position d'un navire en mer, en revanche, on aura intérêt, au risque de ne jamais trouver sa route, à partir de l'hypothèse que la Terre est plus au moins ronde et à utiliser les outils de l'astronomie connus depuis Copernic. Chaque énoncé sera ainsi plus au moins x-tolérant par rapport au point de vue dans lequel il s'énonce. La vérité de perspective, à son tour, est toujours x-tolérante parce qu'elle dépend d'un point de vue (comme la pièce de monnaie qui peut, placée d'une certaine façon devant l'œil, couvrir le Soleil).

Un corollaire philosophique évident de l'idée de x-tolérance est que, mise à part l'illusion de la technique, l'humanité n'a pas connu de progrès. Des progrès multiples ont certes été enregistrés dans de nombreux domaines, de nouveaux possibles ont été développés au fil des siècles, mais il n'y a eu aucun progrès en ce qui concerne les questions que l'humanité se posait avec les présocratiques : est-ce qu'il existe par exemple un soubassement dénombrable et identifiable qui pourrait être l'air, la terre, le feu ou les atomes, ou bien est-ce qu'en dernière instance il n'y a pas de soubassement mais seulement un devenir, comme l'affirmait Héraclite ? L'humanité reste toujours la même face aux questions essentielles qui la fondent et au défi permanent de la vie comme exigence.

L'« aube profonde de la pensée »

En travaillant avec des sourds, j'ai constaté que la langue de signes n'est pas un simple décalque de la langue orale, que les signes fonctionnent plutôt comme des idéogrammes mouvants que comme les énoncés d'une langue articulée oralement. Les sourds pensent en utilisant tantôt des images, tantôt des sensations, tantôt des sauts à la conclusion, lesquels, une fois établis, demandent, dans un deuxième temps, un développement et une reconstruction de la phrase. C'est précisément la façon, je l'ai observé plus tard avec surprise, dont les chercheurs en sciences exactes procèdent pendant le processus de la recherche : un chercheur ne développe pas des points a, b, c, d, etc. de façon linéaire, c'est plutôt quelqu'un qui, de temps en temps, « fait des rencontres ». Einstein disait : « Je trouve d'abord et je cherche ensuite… »

X-tolérance exprime cet énoncé ontologique : le processus de la pensée, tout en étant en relation avec le phénomène humain biologique, reste une combinatoire autonome qui ne procède pas comme une longue phrase, enchaînant énoncé des problèmes, propositions et réponses ; il procède par sauts, ruptures, irruptions du réel. C'est ainsi que les artistes, les penseurs, les philosophes peuvent avoir des intuitions, l'aperçu de quelque chose d'autre, d'une autre façon de penser.

Dans mon étude, j'ai compris que la pensée, en tant qu'activité de production et de recherche, procède toujours ainsi, par des trouvailles qui mettent en cause quelque chose du système. Voilà l'effet de vérité : il y a un système qui fonctionne et, tout d'un coup, apparaît un bruit, un indice de quelque chose qui ne va pas, un bruit qui dérange, jusqu'au moment où il provoque l'émergence de quelque chose. Cette émergence n'est pas forcément du nouveau, mais elle est une trouvaille. On trouve que ce qui faisait bruit depuis un certain temps devient un coup d'arrêt. Reste que ce coup d'arrêt ne déclenche pas nécessairement et immédiatement une nouvelle phrase, ni *a fortiori* une nouvelle théorie.

À l'instar de la langue des sourds, une théorie qui marche, qui est x-tolérante, a tout un soubassement et une articulation avec des images, avec un monde. C'est dire qu'aucune théorie scientifique, aussi « pure et dure » qu'elle soit, n'existe simplement comme théorie symbolique, elle fonctionne aussi comme un monde. C'est pourquoi la trouvaille s'inscrit rarement d'entrée de jeu au niveau symbolique : ce qui, tout à coup, fait irruption dans un bloc de savoir n'est pas la formulation étanche d'un savoir nouveau mais un *insight* dynamique voué à s'articuler dans un ensemble. Heidegger l'exprime d'une façon très belle : « À l'aube profonde de son déploiement, la pensée ne connaît pas encore le concept [1]. »

À cette aube profonde de la pensée n'existe que l'ensemble de l'être s'autoproduisant, avant que le concept se développe. Mais cette métaphore ne doit pas être réduite à une temporalité linéaire, comme si d'abord existerait l'aube profonde et que, une fois arrivés les concepts, on se retrouverait dans l'irréversibilité. Au contraire : cette aube profonde, aconceptuelle, de la pensée cohabite en permanence avec le concept. La dimension symbolique d'une théorie s'insère dans un ensemble dont l'aube profonde fait partie au même titre que la dimension conceptuelle qui ne cesse d'émerger.

X-tolérance est donc un concept qui, en concevant la pensée comme une sorte d'auto-engendrement permanent, implique d'emblée une dimension ontologique qui, sans rien nier de

1. Martin HEIDEGGER, *Qu'appelle-t-on penser ?*, PUF, Paris, 1959.

l'autonomie du niveau conceptuel, ne considère pas que le concept puisse annuler ou dépasser le soubassement. X-tolérance exclut, par définition, toute possibilité d'*aufhebung*, toute tentation d'élimination ou de dépassement des étapes antérieures. Prenons l'exemple du passage de l'alchimie à la chimie, tel que Goethe le raconte dans sa thèse sur les couleurs : en déclarant que la chimie avait fait *aufhebung* sur l'alchimie, les hommes se sont laissé tomber dans un égarement, ils ont procédé comme s'ils avaient eu à choisir entre l'aube profonde du déploiement de la pensée et le concept.

En effet, des siècles avant Mendeleïev et sa géniale table périodique des éléments chimiques, les alchimistes qui parlaient des « affinités électives » entre certains éléments, qui disaient même que certains éléments « se marient », qu'ils « cherchent » l'oxygène, avaient déjà compris l'existence de tropismes – ce que Goethe reprendra dans son fameux roman quand il dit qu'il y a des tropismes qui ne dépendent pas de la conscience, de la bienséance ou de l'utilitarisme. Arrive la chimie, avec le magistral Mendeleïev, et l'alchimie, subitement décrétée nulle et non avenue, est reléguée au coin des objets en désuétude. Dans sa théorie des valences, Mendeleïev établit que les atomes s'associent en fonction du nombre d'électrons de la dernière couche orbitant autour de leur noyau, afin de créer des molécules stables. En suivant une logique impeccable, il détermine ainsi combien d'éléments il doit y avoir dans la nature, au point de laisser de la place, dans sa grille, pour des atomes qui n'avaient pas encore été « découverts » à l'époque – lesquels seront, par la suite, effectivement trouvés…

Du point de vue de la x-tolérance, la théorie des affinités électives et celle qui fonde la table périodique des éléments ne sont séparées que par une différence de puissance. Aujourd'hui, si par exemple on veut développer un médicament, on fera évidemment appel à la chimie, mais cela n'efface en rien le fait que, depuis la nuit des temps, l'alchimie a su être un outil inappréciable dans l'art de guérir les malades. L'épistémologie du progrès a du mal à voir les choses de cette façon : elle unidimensionnalise systématiquement l'activité de la pensée humaine, persistant à nier la réalité ontologique qui fait que le concept existe, nécessairement et en permanence, avec l'aube profonde de son déploiement. Cela veut dire aussi que tout concept correspond à un paysage, et qu'à chaque paysage correspond un point de vue. Cela n'a rien de relatif, au contraire : c'est de la pure objectivité, puisqu'un point de vue est toujours objectif.

Les trois niveaux de connaissance de Spinoza

Aucune théorie, donc, n'est une théorie de vérité. Chacun d'elles garde un rapport plus au moins tolérant envers x. Ce qui n'existe pas, en revanche, c'est un rapport athéorique qui ne serait pas soumis à x-tolérance. Certaines théories, comme la physique de Newton ou la mathématique euclidienne, se présentent toutefois à nos yeux comme plus consistantes, parce qu'il s'agit de constellations de la pensée que nous pouvons vérifier sans recourir à d'autres instruments de perception que ceux du corps humain.

Il existe donc des théories qui nous semblent beaucoup plus x-tolérantes, plus pertinentes et universelles, mais c'est uniquement parce que notre système nerveux central peut les saisir et les vérifier sans besoin de couplages techniques. Il est plus évident de croire que sur un marbre lisse il n'y a nulle vie, que de croire, ce qui est pourtant la vérité, qu'il abrite des colonies entières de bactéries. Pour l'appareil du système nerveux central, ce « fait » de la non-vie apparaît en effet comme immédiat, alors que pour qu'autre chose puisse apparaître comme immédiat, il faudra coupler un microscope à l'appareil du système nerveux central.

Mais, nous l'avons dit, cela ne nous oblige pas à sombrer dans le relativisme, variante extrême, voire extrémiste, du constructivisme (dont plusieurs théoriciens, comme Bruno Latour, ont développé des versions sophistiquées qui ne tombent pas dans ce travers). La différence entre x-tolérance et relativisme est de nature ontologique, parce que dans le relativisme, comme dans la théorie positiviste du dévoilement de la vérité, nous gardons la même configuration : il y a un sujet de la connaissance qui reste extérieur à l'objet à connaître. Pour toutes les théories du dévoilement, le sujet doit arriver à connaître un objet qui est là. Pour le relativisme, le sujet n'a pas un objet concret, voire il n'y a pas d'objet du tout, et l'on construit donc des modèles qui servent au sujet. Dans x-tolérance, il n'y a pas un sujet toujours égal à lui-même, préexistant à l'acte même de la connaissance, mais une incorporation du sujet de la connaissance à l'objet émergeant de cet acte. Dans cette constellation, le sujet de la connaissance ne s'extrait pas de la connaissance émergente. Autrement dit, dans la production de la connaissance, il y a production de sujet. La production de connaissance est production de niveaux x-tolérants de dimensions de l'être.

Si la position néokantienne, positiviste se demande comment faire pour dévoiler x, tandis que la position relativiste affirme presque qu'il n'y a pas de x, la position x-tolérante, elle, soutient que x fait partie de la connaissance. L'émergence de concepts à partir de ce déploiement de la pensée est un processus dynamique qui ne permet pas que le sujet reste le même après sa trouvaille. La production de connaissance implique en effet la production de dimensions d'être. Selon que l'on a une connaissance majeure ou mineure dans certains domaines, on se retrouvera en contact avec plus ou moins de dimensions de l'être. Il serait prétentieux de prétendre exprimer ce point mieux que Spinoza quand il décrit les trois niveaux de connaissance.

Pour Spinoza, le premier niveau de connaissance est tout à fait imaginaire, celui où, pour ainsi dire, on ne connaît rien : il s'agit de celui que nous qualifions aujourd'hui de *feedback*, là où les choses nous arrivent, qu'elles soient bonnes ou mauvaises, et où nous sommes incapables d'établir le moindre rapport entre elles. Le deuxième niveau est celui où l'on établit des rapports – où l'on se rend compte, par exemple, qu'à chaque fois qu'on fait la sieste au soleil, on a mal à la tête après. Ces rapports peuvent être très poussés et déboucher sur des connaissances solides et significatives sur des sujets complexes. Mais ce n'est qu'au troisième niveau qu'on s'aperçoit que la connaissance implique le développement de l'être en tant que tel. C'est dans le troisième niveau de connaissance qu'il y a une sorte d'auto-affirmation de l'être. C'est là, nous dit Spinoza, qu'on expérimente qu'on est éternel.

Mais il est important de rappeler que ces trois niveaux de connaissance peuvent être tout à fait contemporains et qu'aucun d'entre eux n'est plus ou moins « vrai » que les autres. Certes, la plupart des gens n'arrivent jamais au troisième niveau, et ceux qui atteignent le deuxième ne sont pas très nombreux. Cependant, même les bienheureux qui arrivent au plus haut niveau n'abandonnent jamais entièrement les niveaux précédents. Dans le meilleur des cas, un être peut habiter, simultanément, les trois niveaux de connaissance.

À partir de x-tolérance, nous pouvons penser les modèles épistémologiques sans tomber dans des voies sans issue, et comprendre finalement comment et pourquoi chacun de ces modèles relève d'une dimension ontologique. Ce sont, en fait, les conditions d'existence du modèle, dans chaque situation spécifique, qui vont le rendre plus au moins x-tolérant. Pensons, par exemple, aux travaux de Galilée en physique : en observant la chute d'un corps dans un mobile, il avait déjà entrevu une première version de la relativité. La pierre qu'il laissait tomber du haut du mat d'un bateau parcourait dans le temps 1 la distance 1, pour ceux qui la regardaient depuis le bateau même ; mais vue depuis la côte, la même pierre parcourait la distance 1 (parcours de la pierre) et 2 (parcours du bateau) dans le temps 1. On était là dans un système clairement relativiste.

Ainsi, quatre siècles avant Einstein, Galilée avait développé un embryon de théorie de la relativité. Mais cette théorie ne pouvait trouver, à l'époque, la constellation dans laquelle, en s'articulant, elle aurait pu devenir une dimension d'être. Les théories ne sont donc jamais simplement des vérités bien construites par rapport à la réalité : elles existent toujours dans un point de vue et, depuis ce point de vue, ce paysage, elles sont toutes « régionales ». Pour la relativité, tout d'un coup, aux alentours de 1900, ce que Galilée avait commencé à comprendre provoque l'explosion de la physique. On peut donc se demander si Galilée avait trouvé ou dévoilé une vérité, et la réponse sera non. Il construit une théorie x-tolérante, une théorie qui marche si on l'applique, sauf que ses terrains d'application, dans la constellation de la Renaissance, restaient très marginaux. Quand, quelques siècles plus tard, grâce au développement de la constellation même, cette théorie sera réévoquée, elle occupera une place centrale.

La puissance relative des théories

Les théories ne sont jamais ni vraies ni fausses : elles ont plus ou moins de puissance selon le moment historique et la constellation dans lesquels elles sont évoquées. Aujourd'hui, par exemple, on peut dire sans difficulté qu'il n'y a pas de sorcières ; au Moyen Âge, pourtant, on avait la certitude qu'il y en avait par centaines. Peut-on dire, alors, qu'il y en a eu et qu'il y en a plus ? Pas tout à fait. Ce qu'on peut affirmer sans hésiter, c'est qu'aujourd'hui, dans la constellation moderne à laquelle nous appartenons, le concept de sorcière est beaucoup moins important qu'au Moyen Âge, au point d'être presque entièrement vidé de contenu et de puissance. Il ne subsiste, en fait, que comme catégorie littéraire.

Dans la perspective de x-tolérance, il est ainsi fréquent qu'un concept devienne nomade, qu'il engage une errance dans d'autres champs : le concept de sorcellerie, essentiel dans la pensée « rationnelle et scientifique » du Moyen Âge, a par exemple connu une errance vers la littérature, où il a pu à son tour devenir un concept fondamental.

Dans le cas de Mendeleïev, son intuition géniale fut de s'appuyer sur une constante physique – la tendance des atomes à s'associer en molécules ayant huit électrons dans leur orbite extérieure – pour construire une « table » permettant d'affirmer, contre toute évidence empirique, la certitude de la nécessité ontologique d'un certain nombre d'éléments, y compris des atomes qu'à l'époque on n'avait pas encore trouvés. Il aura fallu plus d'un siècle pour que l'homme soit capable d'obtenir, dans des conditions de laboratoire inimaginables pour Mendeleïev, la preuve de l'existence de ces atomes manquants, même si encore aujourd'hui nous ne pouvons les créer que pour une très courte durée de temps, vu leur extrême instabilité. Pour autant, ce n'est pas parce que nous avons trouvé ces atomes qu'on peut dire que Mendeleïev, pas plus que Galilée, a réussi à « dévoiler » l'existant. Et cela pour la simple raison que sa table, aussi géniale soit-elle, repose sur un modèle de l'atome qui, aujourd'hui, « prend un peu l'eau » (jusqu'aux récents développements de la physique des hautes énergies, le modèle de l'atome composé d'un noyau de protons et de neutrons entouré d'« orbites » d'électrons était très x-tolérant !).

Dans nombre de laboratoires de chimie actuels, on fonctionne encore comme si les atomes étaient ceux qu'avait décrits Mendeleïev – lesquels étaient très proches de ce que les atomistes grecs, comme Anaxagore, avaient déjà décrit. En revanche, dès que l'on change de niveau d'activité, dès que l'on passe dans d'autres constellations (comme celle des « supracollisionneurs » qui explorent aujourd'hui les « secrets » des quarks et des particules « charmées »), la table de Mendeleïev n'est plus vraiment x-tolérante. Encore une fois, on constate le même phénomène : une théorie qui, dans certains agencements de corps, reste un éclair de lumière de la pensée humaine, n'est presque plus qu'une métaphore poétique dans un autre agencement. Ce ne serait donc pas un geste agressif si, aujourd'hui, dans un laboratoire de physique quantique, on accrochait la table de Mendeleïev sur le mur comme un tableau, à côté de l'accélérateur de particules. Ce serait plutôt une façon romantique de rendre hommage à sa formidable x-tolérance d'autrefois, maintenant qu'elle est en train de migrer, inexorablement, vers la poésie.

La régionalité n'est pourtant pas un phénomène strictement diachronique. Dans un même moment historique cohabitent des constellations différentes, et ce sera par rapport à chacune d'elles qu'une théorie ou une idée va être plus ou moins x-tolérante qu'une autre qui lui est contemporaine. La Lune poétique du blues de Louis Armstrong n'est pas moins « vraie » que celle, physique, de Neil Armstrong sur laquelle il a marché. Ce sont, pourrait-on dire, deux Lunes x-tolérantes. Mais si l'on veut entreprendre un voyage dans l'espace, il vaut mieux se servir d'autres outils que ceux offerts par les blues de Satchmo ; en revanche, si l'on veut explorer la profondeur de l'univers lyrique du jazz américain, ce n'est pas vers la NASA qu'on devra se tourner…

Les théories deviennent tantôt régionales, fonctionnant les unes à côté des autres dans des constellations synchroniques différentes, tantôt à un moment donné certaines d'entre elles dépassent la frontière de ce que l'époque conçoit comme possible et, sans pour autant disparaître, elles émergent à un autre niveau. Ainsi développons-nous sans arrêt des niveaux d'existence qui donnent une puissance supplémentaire à l'être, dans un processus où chaque construction émerge dans un climat d'errance permanente susceptible de déplacer le lieu, la force et la pertinence de chaque énoncé, jusqu'à parfois le pousser hors du champ d'origine.

Un exemple extrême est celui de la quadrature du cercle, si chère aux mathématiciens amateurs de tous les temps : c'est un concept emblématique de ce que l'on pourrait décrire comme le « contenu zéro » de la puissance. Il ne renvoie à rien, n'évoque rien d'autre que la tendance zéro d'existence. Pourtant, on ne peut pas dire qu'il n'existe pas, puisque son niveau de puissance consiste, précisément, à être le moindre niveau de puissance possible. C'est le concept de la limite tangentielle, celui qui nous permet de comprendre qu'on n'arrive jamais à la limite totale, puisque si elle était atteignable, le concept qui la désigne n'existerait même pas.

Quelle vérité ?

De tout ce que nous avons exposé jusqu'ici, il résulte que la phénoménologie doit être refondée d'une façon radicale. Si, comme nous l'avons vu avec la théorie de l'émergence, le réel n'existe que par, pour et dans le phénomène de son autoproduction, le phénomène n'est pas une dimension quelconque de l'être, mais l'être lui-même dans l'acte de son auto-affirmation. La vérité, n'étant ni dévoilement ni construction, doit être à son tour redéfinie comme la quantité variable de puissance et d'adéquation d'un énoncé par rapport à l'agencement des corps spécifique de la constellation dans laquelle le phénomène s'inscrit.

Reprenant l'idée de Heidegger, nous pouvons retourner à ce que nous a appris l'observation de la langue des sourds et constater que, dans le cas de la langue, il n'y a pas non plus que des vérités de perspective. On voyait bien que dans la construction de la pensée des sourds il y a des sauts, des images, des sensations qui se mêlent ; qu'il y a comme une sorte d'épaisseur de la pensée qui est mise en avant et qui ne peut être identifiée simplement au déroulement plus au moins contradictoire d'une phrase. Ce que nous avons mis du temps à comprendre, c'est que les sourds ont une langue profondément liée à l'« aube profonde » du déploiement de la pensée, donc à la corporéité. En effet, à une subjectivité perceptive correspond toujours une subjectivité conceptuelle : c'est pourquoi, à la subjectivité perceptive des sourds, à leur mode d'être corporel, ne peut correspondre un concept propre à la langue des entendants comme celui de déroulement d'une longue phrase avec sa succession d'hypothèse, thèse, synthèse, négation, etc.

Nous avons vu aussi que le développement de la pensée théorique dans la tête du chercheur ressemble plus au fonctionnement de la langue des sourds qu'à celui de la langue orale. L'irruption de trouvailles rapproche en fait la pensée scientifique de l'aube profonde qui coexiste et interagit, en permanence, avec le niveau conceptuel autonome. Et ce qui à chaque fois relance la machine n'est pas du tout de l'ordre de la phrase ni des avatars de la combinatoire symbolique, mais la rencontre fortuite de la constellation avec un point d'arrêt, celui qui déclenche, de toute sa force, l'effet de vérité lié à un point de vue.

Même si la pensée et la langue relèvent d'une combinatoire autonome, on pense toujours dans un point de vue. Cela veut dire, encore une fois, que le processus de la pensée connaît des sauts, des points d'arrêt, des passages dans l'inexprimable total. J'aime beaucoup l'exemple de Mandelbrot, le père de la géométrie fractale, qui, en expliquant comment il a construit la théorie fractale, confirme irréfutablement la pertinence de notre approche. Il raconte que, tout jeune mathématicien, il n'arrivait pas à penser en termes tout à fait arithmétiques : chaque fois qu'il apprenait un théorème, il ne pouvait le concevoir, le penser, qu'en termes de formes. C'était seulement une fois qu'il avait vu ces formes-là dans sa tête qu'il pouvait arriver à les traduire en formules. Le processus par lequel il arrivait à la conclusion d'un théorème n'avait donc jamais été un processus symbolique, mais une succession d'émergences de formes, sauts à des conclusions, retours en arrière, etc. Nous avons là une constante très forte : les voies de la pensée ne sont condamnées que dans la mesure où elles se restreignent à ne produire que des phrases symboliques idéales, comme celles qui sont si chères à l'Occident cartésien.

Varela nous le confirme encore dans ses travaux sur la vision. Il décrit ainsi le martin-pêcheur en train de pêcher : l'oiseau est sur une branche, il voit un poisson et plonge. Mais il faut savoir discerner certains détails : par exemple, le fait que le poisson n'est pas là où le martin-pêcheur le voit, à cause de l'effet de réfraction. La formule de réfraction, qui établit un rapport entre les densités de l'eau et de l'air et l'angle d'incidence de la lumière, n'est pas très simple, et pourtant cela n'empêche pas l'oiseau de trouver son poisson exactement là où il est, grâce aux systèmes sous-corticaux qui, dans sa tête, corrigent les données fournies par les formes aperçues.

Au niveau cortical, pour le martin-pêcheur comme pour Mandelbrot, la seule chose qui émerge, ce sont des images de formes. On voit ainsi très clairement comment dans les boucles sous-corticales s'accroche la corporéité de la chose. Depuis la perspective de la constellation, on pourrait donc assimiler les boucles sous-corticales autonomes à l'aube profonde de la pensée, et les boucles corticales aux concepts émergents. Pour Mandelbrot, comme pour le martin-pêcheur, le moment de l'émergence héroïque de concepts n'arrive jamais. Ils n'ont pas besoin de cela, ni Mandelbrot, ni le martin-pêcheur, ni 99 % des êtres humains, qui n'analysent pas leurs vies dans un dialogue de concepts en forum dans leur tête.

Entre le traitement des volumes dans la tête du martin-pêcheur, les formes qui préfigurent la pensée symbolique dans celle du Belge Mandelbrot et les formules de correction de la réfraction, aucun mode n'est plus ou moins vrai que l'autre. Les trois sont x-tolérants. Et ce n'est qu'en réfléchissant à ce critère de x-tolérance que nous allons pouvoir comprendre à quel point la dérive rationaliste occidentale nous a piégés dans un devenir unidimensionnel de l'être, dans lequel on prétend encore pouvoir arracher ce qui est de l'ordre de la représentation conceptuelle de son aube profonde, là où le soubassement aconceptuel coexiste toujours avec ce qui émerge, en permanence, dans un certain agencement des corps. En faisant table rase de ce qui fait du bruit, le rationalisme, tout simplement, donne la parole à la raison raisonnante et déclare que la seule pensée est la pensée critique.

11

Sens commun et pensée critique

L'idéal cartésien que nous appelons la société de l'individu a nourri l'espoir, depuis le siècle des Lumières, d'arriver à une société dans laquelle tout le monde aurait un rapport de rationalité consciente envers la vie, le monde, son corps, en somme envers le réel dans chacune de ses expressions. La rationalité de l'idéal des Lumières a toujours aspiré à être totalisante. Or, comme nous venons de le voir, aucune rationalité ne peut être totalisante si ce n'est au prix d'amputations successives de dimensions de la pensée, de dimensions de l'être.

Le pari osé de l'Occident consiste, encore de nos jours, à croire que la seule pensée souhaitable serait celle qui, étant elle-même transparente, pourrait nous révéler la transparence triomphale du monde. Ce que l'homme devenu individu n'est toujours pas arrivé à comprendre est que, en arrachant la pensée de son soubassement, en prétendant la couper de son aube profonde dans un effort futile pour la rendre transparente, c'est l'homme lui-même qui s'unidimensionnalise, qui s'aliène à jamais de sa propre substance.

La nature du sens commun

C'est dans ce contexte, pourtant, que nous voulons développer ici une théorie du sens commun qui puisse, sans contradiction, être considérée comme un outil pour penser le changement social et historique d'une façon complètement dépourvue de tout messianisme, de tout volontarisme. Commençons par affirmer, d'emblée, que le sens commun n'est pas un quelconque stade sous-développé de la pensée qu'on devrait dépasser. Au contraire, nous allons plutôt le considérer comme une sorte d'atmosphère conceptuelle faite d'expériences, d'ensembles d'images, d'histoires de couplages, porteuse à la fois de la longue durée et des trois niveaux d'efficacité sur lesquels, on l'a vu, se fonde sa propre raison suffisante : celui de l'efficacité linéaire ou immédiate, dont va tenir compte habituellement la raison raisonnante, surtout quand elle est prisonnière de l'utilitarisme ; celui de l'efficacité paradoxale ; et celui qu'on va appeler ontologique, selon lequel un peuple appartient à un paysage, à une terre, à une temporalité.

Le sens commun en tant qu'atmosphère contradictoire, disparate, multiple constitue une des composantes fondamentales du phénomène humain, dans la mesure où il commande la médiation à laquelle chaque être humain est voué dès sa naissance. Cette médiation, qui établit une sorte d'interface de l'être envers lui-même et envers le monde, est tellement puissante qu'elle arrive à nous faire croire, de façon paradoxale, que nous sommes dans un rapport d'immédiateté avec le monde. Le sens commun structure aussi une batterie d'arcs réflexes corporels, ce qui veut dire qu'il façonne aussi le corps. Par exemple, confronté à certaines coutumes d'une culture que je ne reconnais pas comme mienne, je peux sentir un écœurement, et donc me dire : là-dedans, c'est tout simplement un écœurement immédiat, c'est mon corps qui parle. Ce qui se passe à travers mon corps est en fait façonné par une série de théories qui s'articulent dans le sens commun, et ce qui peut me paraître comme une réaction « naturelle » est plutôt un effet de formatage.

Dans ces *Cahiers de prison*, Gramsci dit que, si un intellectuel va voir un paysan et, par des arguments très convaincants, lui explique que Dieu n'existe pas, le paysan finira par être d'accord, ce qui ne l'empêchera nullement de continuer à prier et à aller à la messe. Ce que Gramsci veut ainsi montrer, c'est que, malgré son éventuelle acceptation rationnelle de l'inexistence de Dieu, le paysan ne pourra pas y adhérer existentiellement, puisque rien dans son point de vue ne va lui permettre d'établir un rapport ontologique avec ce savoir-là. L'échec retentissant de la société de l'individu, de cette société qui vise en permanence sa propre transparence, est du même ordre que celui de l'intellectuel chez Gramsci. Le sens commun, cette masse non composite de points de vue, qui façonne le corps et qui est façonnée par lui, agit le plus souvent par des boucles autonomes que la raison raisonnante de l'ordre conceptuel ne peut absolument pas ordonner, ni écraser, ni polariser.

Le propre du sens commun est d'être cette atmosphère langagière, ce faisceau d'expériences propres à un point de vue, dans lesquels aucun ordonnancement, aucune polarisation ne sont possibles. Même la langue, tout en gardant son indéniable autonomie ontologique, ne peut être pensée comme *aufhebung*, comme synthèse ou comme étant « plus proche de la vérité des choses » que n'importe quel autre phénomène émergent inscrit, autant qu'elle, dans une constellation, dans un point de vue, dans un paysage. Elle aussi, après tout, est, comme le dit Saussure, un ensemble soumis au hasard. Et elle aussi, comme le corps, est façonnée par le sens commun en même temps qu'elle le façonne.

Dans le sens commun existent, à chaque époque, des tendances majoritaires qui vont encourager, par exemple, une certaine pensée de l'enfance, de la femme, du travail manuel, etc. Pour chacun des domaines de la vie, chaque époque, chaque culture produit ainsi des « pôles sémantiques » composés d'une série d'énoncés, de pratiques, de croyances, de modes d'éducation, de littérature, d'imaginaire... Dans le sens commun, presque tout peut être dit, des énoncés contradictoires, antagoniques, disparates peuvent cohabiter sans que cela cause trop de problème. On est autorisé à dire tout et son contraire, sans que rien ne vienne départager ni ordonner le sens commun. Dans cette optique, l'idéologie peut être vue comme un sous-ensemble du sens commun.

Portée et limites de la pensée critique

C'est de cette sorte d'épaisseur de la substance, dont le sens commun fait partie, qu'émerge la pensée critique, celle qu'on pourrait aussi appeler pensée conceptuelle, en tant qu'effort de polarisation des problématiques concrètes. En essayant d'analyser des problèmes, c'est-à-dire en engageant des actions restreintes visant à conceptualiser l'universel concret de chaque situation avec le plus de rigueur possible, la pensée critique cherchera à rationaliser une problématique en termes logiques, tout en gardant une grande consistance avec les pôles sémantiques propres à l'époque.

La pensée critique est celle qui va essayer, par rapport à un pôle sémantique concret, de construire des concepts en cohérence logique à la fois avec ce pôle et avec le principe ontologique selon lequel tout n'est pas possible. Les énoncés produits par la pensée critique seront donc des énoncés polarisés, mais ils ne sont pas pour autant séparés de ceux du sens commun : au contraire, la pensée critique et le sens commun ne sont que deux modes du même universel concret, celui à travers lequel la substance s'exprime selon les agencements des corps d'une certaine constellation.

Toute l'histoire de l'Occident, et en particulier quelques expériences politiques atroces des derniers siècles, est fondée sur l'hypothèse que la pensée critique aurait eu comme vocation d'ordonner le sens commun. De notre point de vue, nous l'affirmons sans hésiter, la pensée critique est vouée à perdre toute validité aussitôt qu'elle prétend, non pas déjà ordonner le sens commun, mais tout simplement être séparée de lui. La pensée critique doit être conçue comme une dimension du sens commun. C'est par là que nous allons, effectivement, trouver l'embryon d'une théorie du changement social, à condition de comprendre qu'il ne suffit absolument pas de construire logiquement un modèle de société, un modèle d'émancipation ou un modèle de ville, et de conclure que, puisque ce modèle est logiquement parfait – en admettant qu'il le soit –, il pourra légitimement avoir comme vocation d'ordonner le sens commun.

Quand nous contestons l'utilitarisme, c'est depuis cette perspective : ontologiquement, le sens commun dénote une épaisseur de l'être qui ne peut être ni soumise, ni ordonnée par la pensée critique. Bien au contraire, la pensée critique, dans toutes ses étapes et dans tous ses niveaux de complexité, doit pouvoir cohabiter avec le sens commun. Le changement social, par conséquent, ne peut jamais venir d'un modèle construit par la pensée critique. Il viendra, certes, de ses énoncés et des actions qu'elle suscite, mais seulement à condition qu'ils soient en concordance avec le pôle sémantique de la constellation concernée.

Prenons l'exemple du pôle sémantique « femme », avec les signifiants maîtres qui étaient, jusqu'à il n'y a pas si longtemps, mère, putain, corps, etc. : nous savons que ce n'est pas en décidant « scientifiquement » que la femme n'était plus réductible à ces signifiants qu'une partie de l'humanité a réussi à le modifier. Le changement ne peut advenir que par des actions restreintes, de petites additions d'énoncés et de pratiques provenant de la pensée critique qui, peu à peu, vont ajouter d'autres signifiants : intellectuelle, peintre, astronaute, etc., jusqu'au point de produire un basculement de l'hégémonie, basculement qui tiendra toujours au quantitatif. Le changement social, dans n'importe quel domaine, ne peut en aucun cas venir d'un désir autoritaire d'ordonner le sens commun et les pratiques qui lui sont propres, mais des actions qui, petit à petit, vont s'articuler avec le pôle sémantique, non pas pour d'emblée questionner l'hégémonie, mais pour ajouter de nouveaux énoncés, de nouvelles façons de penser une certaine idée.

Toute hégémonie dans un pôle sémantique relève d'un mode d'être viable. Si hideux soit ce qui existe quand nous le regardons depuis la pensée critique, c'est le fait même qu'il existe dans le sens commun et comme mode de vie, qui fonctionne comme sa raison suffisante. Et on ne peut opposer la raison raisonnante de la pensée critique à la raison suffisante d'un état de fait. Le problème de nombre d'éducateurs, dont le philosophe utilitariste Jeremy Bentham est peut-être un exemple majeur, mais aussi l'architecte Le Corbusier et tant d'autres révolutionnaires, c'est qu'ils ont toujours voulu opposer la raison raisonnante à la raison suffisante. Or, la raison suffisante d'une chose, nous dit Leibniz, est son existence même : le fait qu'une chose existe la rend toujours infiniment plus puissante que n'importe quel modèle raisonnant de la pensée critique qui n'existe que comme pensée critique.

Si la pensée critique pense toujours en termes de ce qui serait possible et souhaitable, le sens commun et la complexité de la vie sont toujours soumis à ce qui est compossible, c'est-à-dire réalisable... La compossibilité évoque un ensemble de couplages stables et viables, dont le mérite premier est d'exister. À côté de ce qui existe, tous les possibles qu'on peut construire à partir d'un souhait, même si celui-ci est très noble – comme quand j'affirme que la justice est souhaitable et qu'alors je pense qu'elle est possible puisque, dans mon modèle, elle l'est –, ne pourront pas faire le poids. Ce qu'on souhaite devra toujours être mis à l'épreuve de ce qui existe, tout en sachant que ce qui existe est plus puissant puisqu'il est compossible, parce qu'il constitue cet ensemble de couplages viables et d'une certaine stabilité.

De ce point de vue, tout ce qui existe est ontologiquement x-tolérant, alors qu'une théorie ne le sera que dans la mesure où elle s'accorde aux pôles sémantiques avec lesquels elle a affaire. La théorie du sens commun est donc aussi une théorie du changement social, expliquant pourquoi, quand la pensée est éblouie par son désir de transparence, elle ne peut que devenir impuissante par rapport à ce qui existe. Et une fois tombée dans l'impuissance, la seule voie qui lui reste est la barbarie. Les histoires de l'urbanisme, de la médecine, de la politique ou de l'éducation nous montrent que, à chaque fois que la pensée critique construit des modèles parfaits, ces modèles, loin d'être efficaces et puissants, sont tellement inadéquats qu'ils ne peuvent faire autre chose que de viser des lieux de pouvoir pour instaurer l'ordre qui, de leur point de vue, serait l'ordre correct.

Pourtant la théorie, quand elle n'essaie pas de s'imposer de façon messianique ou volontariste, quand elle opère par ce que nous appelons des actions restreintes, peut développer, dans l'universel concret qui constitue le milieu où la chose se joue, des pratiques et des énoncés critiques qui viennent s'ajouter au pôle sémantique, sans pour autant induire un changement radical de sa tendance prédominante. Pendant les deux derniers siècles de révolution dans tous les domaines, les exemples abondent où des avant-gardes théoriques, politiques ou artistiques ont essayé de prendre un raccourci, d'éviter d'agir patiemment et subtilement sur le pôle sémantique, de ne pas passer par la longue et contradictoire épreuve de la compossibilité consistant à composer avec ce qui existe. En cherchant un autre mode de changement de l'hégémonie du pôle sémantique, elles ont visé le pouvoir. Le propre de l'impuissance est précisément de viser le pouvoir pour tenter d'ordonner le sens commun, pour imposer un changement par la force à l'hégémonie du pôle sémantique, aux théories, aux pratiques, à l'inconscient, aux corps.

L'alternative à cette voie sans issue de la recherche du pouvoir est d'accepter de parcourir les chemins de la minorité, d'articuler ce que Deleuze appelle une « machine de guerre », en développant des pratiques, des expériences, des énoncés et des théories critiques qui, petit a petit, ajoutent une autre dimension au pôle sémantique. Et cette dimension autre, à un moment donné, peut devenir très importante et, éventuellement, faire basculer l'hégémonie de l'autre côté. C'est précisément le sens de l'action restreinte, qui s'applique à l'universel concret de la situation et non pas à l'universel abstrait du pouvoir.

La compossibilité, nous l'avons dit, est la condition d'existence d'une situation et la condition de stabilité d'une multiplicité de couplages. Or, si le sens commun est toujours infiniment plus puissant que toute pensée critique, c'est parce que les couplages surgis de lui – couplages corporels, imaginaires, théoriques… – s'inscrivent dans la longue durée, dimension que la pensée critique très souvent ignore parce qu'elle ne voit que l'immédiateté éblouissante d'une théorie toujours transparente à elle-même. Dans le monde de l'individu, qui se prétend *causa sui*, à chaque fois que les hommes ont essayé d'ordonner les conditions d'existence en appliquant des théories surgies de la pensée critique, cela a conduit à l'horreur : les Khmers rouges, la médecine brutale, l'éducation par la table rase…

Souvent, la pensée critique ignore la longue durée, parce qu'elle ne peut comprendre d'autre niveau d'efficacité que celui de l'efficacité linéaire. Quand la pensée critique regarde par exemple les « sauvages » de Durkheim qui dansent pour que la pluie arrive, elle reste au seul niveau qu'elle est capable d'assumer : ils peuvent danser autant qu'ils veulent, la pluie ne va pas tomber. C'est le point de vue utilitariste, simpliste, celui qui relève du sens commun le plus obscur et qui ignore d'autres niveaux d'efficacité que ce sens commun recèle pourtant. Au niveau de l'efficacité paradoxale, par exemple, même si la pluie n'arrive pas, le chamane qui encourage son peuple à danser, en ritualisant la sécheresse, empêche peut-être que celui-ci ne devienne fou, que les gens migrent ou s'entre-tuent et que la sécheresse, donc, ait raison de son peuple. Et au troisième niveau d'efficacité, si les populations dansent pour des raisons ritualisées qui les fondent en tant que constellation à laquelle chaque membre appartient, cet acte devient une façon de maintenir la tradition, de préserver l'être même de cette population en l'inscrivant dans la longue durée, qui ne tient pas à l'existence vitale d'une ou deux générations.

Nous voyons ainsi comment à un grand nombre de traditions correspondent des efficacités cachées et très profondes, qui témoignent de la survie des peuples en tant qu'éléments du paysage. C'est par cette voie-là, peut-être, par le sens commun dans son expression la plus large, que l'individu – celui qui se voulait séparé du tout substantiel auquel il appartient – arrive à revenir vers la personne. En tant que personne, l'être humain peut effectivement s'inscrire dans la longue durée, la multiplicité et la complexité substantielle qui demeurent inaccessibles à l'individu.

L'effet « sous-hypnotique » du sens commun

Un autre élément important de la structure de base du sens commun est sa capacité de provoquer ce qu'on pourrait appeler un effet « sous-hypnotique » : dès lors qu'on fonctionne dans des niveaux saturés de signification, on évite inconsciemment toute faille, toute rupture dans ce plein de sens. Ainsi, dans les mécanismes du sens commun, existe quelque chose qu'on pourrait identifier à l'automate dont parlait Spinoza, cette sorte de pilotage automatique qui, par de multiples accouplements plus ou moins heureux, parvient à une certaine homéostasie maintenant l'équilibre intérieur sans affronter ni ruptures ni accidents.

Le sens commun n'est pas, bien entendu, une idéologie : il est traversé par des idéologies, mais sa structure fonctionne comme une espèce de « super-idéologie » grâce à laquelle les réponses précèdent les questions, dans le dessein de garantir l'homéostasie du système. C'est pourquoi, quand survient une rupture d'hégémonie, un changement qui affecte une partie importante de son contenu, nous assistons à un décrochage entre l'état antérieur et le nouveau, analogue à celui qui se produit au réveil d'un état hypnotique. Quand un patient soumis à un état hypnotique se réveille, il a la claire expérience de ce type de discontinuité, où le moment passé sous hypnose lui apparaîtra comme « tout autre », comme quelque chose d'entièrement incompréhensible depuis l'état présent.

C'est un peu ce qui arrive quand l'état d'amour est cassé, et que les amoureux n'arrivent plus à comprendre comment ils ont pu vivre et ressentir ce qu'ils ont pourtant vécu et ressenti. Dans les grands changements d'hégémonie du sens commun, les choses se passent de la même manière : une fois le paradigme changé, on a du mal à comprendre comment on a pu penser ceci ou cela. Seule la pensée critique peut, bien que d'une façon contradictoire, rétablir ces continuités ; pour le sens commun, en revanche, où l'on passe d'un état sous-hypnotique à un autre, la discontinuité reste entière.

Personne ne fonctionne seulement selon les modes de la pensée critique : même ceux qui peuvent, de temps en temps, arriver au deuxième niveau de connaissance ne sont pas en mesure de rester en permanence et entièrement dans ce niveau-là, car nous sommes tous – à des degrés différents, certainement, mais tous quand même – pris dans le sens commun. Pour la plupart, tout simplement la vie se déroule, plus ou moins paisiblement, au niveau du sens commun, et beaucoup se forcent même à éviter toute pensée critique, tout mouvement vers le deuxième niveau de connaissance qui pourrait les emporter vers le non-sens.

Cette complaisance à rester dans le domaine du sens commun est une donnée anthropologique qui a été historiquement ignorée – avec des conséquences tragiques – par les théories révolutionnaires du changement social, lesquelles ont voulu en finir avec le sens commun et rêvaient d'un monde où chaque personne serait définitivement dans la pensée critique. Le corollaire de ce constat est simple et fort : il est impossible d'ordonner le sens commun, tout simplement parce que c'est dans ce niveau-là que la plupart des gens fonctionnent, du début à la fin de leur vie, et que la pensée critique reste, dans le meilleur des cas, à peine une sorte de loisir pour une petite partie des humains.

En ce sens, les pratiques de changement social sont plutôt à assimiler aux pratiques artistiques ou de recherche scientifique, dans lesquelles il n'y a ni possibilité ni besoin de la participation active de tous. Le changement des structures sociales, les acquis de justice, le bousculement des hégémonies relèvent ainsi non pas d'un « réveil » éventuel de l'humanité, mais de la création lente et contradictoire de nouveaux possibles, de nouvelles dimensions de l'être, lesquelles, quand elles arrivent à exercer une influence sur les tendances dominantes, modifient – en même temps qu'elles finissent par devenir – le sens commun.

Exemple : dans les sociétés où le féminisme a gagné certaines batailles historiques, pour les nouvelles générations, les acquis du féminisme feront partie de ce qui, dans le sens commun, apparaîtra comme normal et naturel ; elles auront un rapport non réfléchi, sous-hypnotique avec ce qui pourtant reste encore en grande partie une pratique subversive de la pensée critique. On ne casse jamais l'histoire en deux, on n'élimine pas non plus le sens commun ; on développe, tout simplement, de nouvelles dimensions de l'être qui deviennent pratiques et sens commun.

Dans le sens commun, nous nous absentons à nous-mêmes, car les réponses sont là ; ce n'est qu'en cas de crise que la pensée critique est convoquée. Depuis le sens commun, ce qu'on demande n'est pas un réveil, mais un autre sens commun, capable de combler les failles que, souvent dans l'horreur, on constate. Au quotidien, le sens commun confirme l'énoncé de Lacan, « "moi" est un autre » (ou de Rimbaud : « Je est un autre »), un autre parmi les autres, absent à soi-même. Et toute irruption n'est autre chose que bruit ou catastrophe : pour le sens commun, tout se passe comme si elle n'avait pour cause que « ce qui cloche ». C'est pourquoi on doit accepter l'origine mimétique du désir des individus comme un fait de base du fonctionnement social. On désire là où l'on nous dit de désirer, et ce qu'on nous montre comment étant « désirable ».

Le désir mimétique

Un exemple de ce que nous entendons par « désir mimétique », qu'on peut aussi présenter comme « désir de l'autre », nous le trouvons dans une scène du film d'Antonioni, *Blow Up*, où le protagoniste principal se trouve, à la fin d'un concert de rock, en train de se battre sauvagement pour s'approprier le manche de guitare que la rock-star a lancé au public après avoir cassé son instrument.

À la fin d'une lutte sans merci, le héros, toujours en état sous-hypnotique, sort de la salle de concert avec son trophée à la main et marche quelques mètres. Et, tout à coup, il s'aperçoit que le manche de guitare cassé qu'il serre dans la main n'a plus aucun sens, et que la seule chose qu'il puisse en faire, comme tous les objets de désir mimétique placés hors de leur contexte, c'est de le jeter à la poubelle. Quelques instants plus tard, un clochard qui passe s'approche, regarde le manche de guitare et, lui aussi, le laisse tomber : hors du contexte de cette lutte où il incarnait le « désir de l'autre », il est désormais devenu absolument sans intérêt.

Il faut donc faire une différence nette entre ce que nous présentions comme un « appel » – la tendance à développer notre essence – et ce qui relève du désir mimétique. Mais il faut aussi se garder de voir dans ce dernier un simple témoignage d'une sorte de « vanité » sociale : inscrits dans des désirs mimétiques, nombre de nos actes relèvent du fonctionnement normal et normalisé de toute société, dont personne ne peut entièrement s'extraire, même si, pour certaines personnes et à certains moments, d'autres intérêts plus complexes parviennent à prendre la place de ces désirs mimétiques. Il ne faut pas, pour autant, voir là un « on » machiavélique qui orienterait les désirs des individus depuis un lieu de l'ombre. Au contraire, ce fonctionnement est, en lui-même, propre à toute société stabilisée, ou du moins moyennement stabilisée, qui dégage ainsi des « objectifs normalisés », lesquels ordonnent et guident, depuis le sens commun, nos désirs et envies.

En revanche, quand une société affronte des difficultés sérieuses, elle dépend, pour sa survie, de la possibilité de produire des pratiques et des pensées critiques qui incarnent la recherche de nouvelles voies, capables de résoudre les problèmes qu'elle rencontre. Cette recherche, pourtant, n'aura pas comme fonction d'ordonner ou de discipliner le sens commun. Plus encore, la cohabitation entre sens commun et pensée critique explique l'impossibilité de gouverner un pays depuis une position de pensée critique, le gouvernement étant toujours une pratique qui s'exerce pour et par les niveaux du sens commun – du moins avant qu'il ne devienne tyrannique.

C'est cela qui explique l'égarement de Platon, dans la *République*, quand il affirme que le philosophe doit diriger la cité, qu'il doit être roi. Le problème est de comprendre que le philosophe est vraiment philosophe et sage dans la mesure où tout ce qu'il avance s'incorpore humblement à l'ensemble complexe du sens commun et du pôle sémantique associé à cette pensée. En tant que philosophe, il devient fou, au mieux sophiste, quand il essaie de faire que son modèle, celui qui est transparent à lui-même, soit plus important que ce qui existe vraiment. Le sens commun, nous l'avons dit, n'est pas à penser comme inertie et erreur, mais comme ce qui possède, bien que contradictoirement, une raison suffisante.

En prime, la théorie du sens commun nous permet de mieux comprendre ce point si important chez Leibniz, à savoir la différence entre le possible et le compossible. Ce qui est logiquement possible n'est pas compossible dans tous les mondes possibles. Est-il possible que les hommes vivent dans la solidarité et le respect mutuel ? On construit une théorie qui explique comment cela peut être parfaitement possible, alors que ce n'est pas le cas dans la réalité. Qu'est-ce qui est impossible pour Leibniz ? Un énoncé qui entraîne une contradiction en soi. Leibniz explique que ce n'est pas alors une théorie, mais une aporie que tout le monde peut vérifier : il ne peut exister un mort vivant, il ne peut exister un cercle carré.

Certes, l'activité humaine crée aussi de nouveaux possibles, mais ce qui est sûr, c'est qu'un énoncé n'est possible que s'il n'entraîne pas une contradiction logique. Est-il possible que la paix existe ? Oui, puisqu'on connaît plusieurs civilisations qui vivent pendant de longues années en paix. Mais alors, une société dans laquelle il n'y aurait *plus jamais* de guerres serait donc réalisable ? La réponse est négative : étant donné les niveaux réels de l'existence, la façon dont ils vont s'agencer dans le sens commun, une telle société est incompossible.

12

Le paysage de l'homme

L'homme de la société de l'individu évolue donc dans un milieu qui lui apparaît comme un décor, sorte d'arrière-plan où se déroule ce qui est central, « sa vie ». Ainsi, de plus en plus, l'individu se prétend détaché de ce qui l'entoure, autonome, dégagé de tout enracinement. Son propre caractère unidimensionnel se cristallise dans l'environnement dorénavant devenu, lui aussi, décor unifié. Où qu'il aille, cet individu rencontre du « même », comme le pauvre M. Hulot du film de Tati, ce personnage qui évolue dans un *no man's land*, surface lisse et étanche où l'immédiat de la réalité façonnée par la technique déréalise le concret.

Combien de fois avons-nous croisé ces groupes de touristes de « nulle part », qui adoptent le point de vue de nulle part, arrivés à Paris grâce à la vertu de quelques panneaux de signalisation ? Paris, décor/monde, ne leur apparaît que comme reflet incorporel quand, au hasard du battement d'une porte vitrée, ils aperçoivent la tour Eiffel. L'individu alors, comme le personnage du film, perd aussi sa langue. Des balbutiements pas très compréhensibles au minimum utilitaire de la communication en même temps que les hommes devenus spectateurs, à l'instar de M. Hulot, errent dans ces décors qui sont finalement familiers pour ces humains formatés comme des individus sans épaisseur ontologique, sans plis.

Du décor au paysage

Mais les décors unifiés ne sont pas, loin s'en faut, le quotidien obligé de nos contemporains. Les plis, les coins et les courbes continuent et continueront d'exister, indifférents à l'unification qui se fait par la voie simple et subtile du « petit écran », magie de la télévision sous-hypnotique qui fonctionne comme entonnoir à attention, comme véritable aspirateur de temps et de variation. Derrière le petit écran, il y a toujours des montagnes, des fleuves, des déserts, et pourtant sa surface lisse prive le monde de sa multiplicité au point de le faire disparaître, purement et simplement. Et du coup, le monde concret tend presque à devenir intéressant, quand on croit qu'il ressemble, même si c'est en moins bien, à la télévision…

Nous voyons bien comment l'immédiat peut être établi par un simple appareil technique, mais qui devient, lui, ce qui sature, explique et filtre le concret, le multiple du réel qui reste derrière comme s'il s'agissait presque d'un bruit dans la communication parfaite de la technique, c'est-à-dire la boucle autiste qui unit l'individu avec lui-même.

Il ne s'agit pas de se complaire dans une critique passéiste de la télévision, mais de constater que l'individu qui se prétend toujours « égal à lui-même » construit et évolue dans un monde où tout est, effectivement, égal à lui-même et que, où que nous soyons, des mini ou des maxi-écrans nous relient au monde, au décor unifié et unique. Quel grand soulagement pour l'individu lorsque, où qu'il aille, il est toujours au même endroit et se retrouve toujours le même.

Mais nous avons tous fait l'expérience de l'irruption de nouvelles sensations dès lors que nous nous déplaçons d'un paysage à l'autre. On peut le vivre au centre même de Paris, en prenant un bateau sur la Seine : nous ne sommes alors plus tout à fait les mêmes, nos repères, nos perceptions changent du tout au tout. Au-delà du rêve imaginaire de toute-puissance et de son corollaire inévitable, l'impuissance, il s'agit donc d'aller vers le concret, vers le paysage. Ce geste d'aller vers le paysage, c'est le pas de côté qui introduit l'homme à l'ensemble dans lequel il existe. Somme toute, il s'agit d'ouvrir un grand-angle qui réintroduise la géographie, la longue durée, les autres êtres vivants et le maximum de vecteurs possibles pour mieux comprendre cette résultante des résultantes qu'est un paysage.

Nous pouvons le définir comme une continuité phénoménologique, ensemble de couplages et de dimensions qui possèdent dans leurs compositions une certaine stabilité et une certaine durée. Le concept de paysage désigne ce qui fonctionne comme une structure globale, émergeant concrètement des règles d'activité locale, comme dans tous les systèmes complexes. Dessiné par des agencements de niveaux et dimensions multiples, le paysage est ce que nous pouvons appeler un « monde », non pas perçu par ses habitants comme existant dans un espace extérieur, mais construit par eux. Nous avons déjà évoqué les travaux de Fernand Braudel, qui, à partir de sa préoccupation pour la longue durée, centra ces recherches sur un « sujet nouveau de l'histoire », le paysage, où précisément l'homme devient un élément décentré dans le devenir de la multiplicité.

D'après Braudel, un paysage est toujours plein, centré sur lui-même, sans autres affinités ou relations aux autres paysages que celles de la coexistence et de la juxtaposition. Nous devons concevoir le paysage comme relevant de constellations multiples, de couches successives, donnant cette étoffe aux profondeurs variables, à chaque pas pliée et repliée sur elle-même. Un paysage n'est pas une *aufhebung* de résultantes. Il y a dans chacune de ces constellations des superpositions complexes où cohabitent l'ancien et le nouveau. Les espaces dépendent à la fois des activités et interactions des différents niveaux et dimensions.

Nous l'avons vu, des espèces vivantes et des formes inanimées forment par des couplages une série de continuités donnant cette consistance à ce monde « extérieur », qui n'est possible que grâce aux liens multiples entre les organismes qui le composent. Chaque étant dépend, dans son existence, de son appartenance à ce paysage, et aucun paysage n'est pensable sans des couplages en série. De la même façon que nous avons défini la résultante comme cette totalité qui n'est nulle part en tant que telle mais qui se trouve dans chaque partie et dans chaque multiple, un paysage existe, lui aussi, comme prolongation de chaque organisme qui le compose et il est, à la fois, l'élément central, hégémonique, de chaque multiple.

Nous appartenons au paysage, comme il nous appartient. On le constate très clairement dans le cas d'habitants de coins du monde très éloignés, mais vivant dans des paysages qui se ressemblent étonnement. Ainsi, si deux montagnards, l'un de la cordillère des Andes et l'autre de l'Himalaya, se rencontrent, ils arrivent assez bien à se comprendre, même sans connaître la langue de l'autre. Nous ne dirons pas qu'ils ont « communiqué », car justement ce qu'ils parviendront à faire, avec un peu de patience, c'est partager leurs subjectivités conceptuelles à partir de leurs subjectivités perceptives, sans jamais « communiquer ». C'est aussi ce qu'on peut observer dans la culture sourde : l'expérience du « monde du silence » agit comme si elle composait un paysage très fortement partagé, au point que deux sourds qui se rencontrent, provenant de deux pays différents, arriveront sans problème majeur à se comprendre très vite.

Mais les traits du paysage ne s'arrêtent pas à ces exemples. Chaque paysage produit ainsi sa musique à partir de ses sons propres, des rapports qui le constituent : les grandes chaînes montagneuses font naître des musiques de flûte, avec des sons très longs et des gammes assez semblables d'une région de montagne à l'autre. De la même façon, les plaines fluviales produisent de la musique de guitare ou d'instruments équivalents, et les grandes villes, le tango ou autres musiques en accords mineurs qui évoquent l'exil du citadin.

Cathédrales et pyramides

Nous aimerions évoquer le devenir historique à partir du devenir du paysage, en parallèle au travail de Braudel qui a fait de la Méditerranée le sujet de l'histoire, et en suivant en partie ce que le mathématicien et logicien anglais Alfred North Whitehead (1861-1947) expose avec le concept de « concrescence » [1]. Ces deux auteurs nous invitent à prendre comme sujet de

1. Selon Whitehead, « le concret est toujours le résultat d'un processus de concrescence, et en ce sens il n'y a de concret que la réalité comprise dans sa solidarité avec son milieu » (Bastien GUERRY, « A. N. Whitehead lecteur de E. Kant », <http://whitehead.free.fr/src/whitehead_kant.pdf>).

l'histoire l'évolution, l'émergence et le devenir des différents paysages. Nous avons présenté le paysage comme étant d'abord défini par la durée, ce qui équivaut à dire qu'une époque ne se définit pas par le calendrier, mais par des coordonnées, des problématiques et des émergences qui la singularisent.

Ainsi, l'Occident a connu ce que Georges Duby a appelé le « temps de cathédrales », période qui ne dura pas plus de trois siècles – et encore moins pour sa période centrale. Et après... il n'y eut plus de cathédrales, du moins comme celles des premiers siècles du deuxième millénaire. Nous serions évidemment aujourd'hui parfaitement capables de les construire, mais nous ne le faisons pas. C'est que le paysage n'est plus le même. Quand elles ont surgi, les cathédrales ne pouvaient pas « ne pas émerger », et cela ne s'explique pas en termes d'une quelconque « fatalité » historique : si les gens se sont mis à les construire, cela ne dépendait pas d'un caprice ni d'une décision superficielle. Le temps était gros des cathédrales, et les hommes les ont accouchées.

Les pyramides nous offrent un autre exemple intéressant. Nous savons qu'il y a quelques millénaires, à des milliers de kilomètres de distance, des hommes de cultures et de civilisations différentes – Égyptiens, Aztèques, Mayas, Incas, Khmers... – ont construit presque simultanément des monuments qu'on appellera, malgré quelques différences, des « pyramides ». Ces civilisations avaient suffisamment de traits communs pour les concevoir de concert. Et pour en commencer la construction, activité qui allait occuper toute la société pendant de nombreuses décennies, il a nécessairement fallu de longs et complexes préambules, par lesquels devait se former une série interminable de données et de variables : facteurs climatiques, géographiques, biologiques, démographiques, agencements de savoirs et de cosmogonies, observations astronomiques, calculs mathématiques, circonstances socio-économiques, perspectives politiques... Dans ces histoires complexes, faites de couplages multiples, nous pouvons presque dire que, à un moment donné de l'histoire de ces civilisations, les choses se sont passées de façon telle que « les pyramides émergèrent de la terre ».

Rappelons-nous la correspondance déjà évoquée : si les grandes chaînes montagneuses font naître de la musique de flûte, c'est que, dans les montagnes, la raréfaction de l'air et le vent produisent presque spontanément la longue plainte des flûtes ; et avec les roseaux ou les os, les hommes créent cette musique qui exprime ce paysage auquel ils appartiennent, inséparablement. De la même façon, à un moment donné et comme fruit non nécessaire *a priori*, des pyramides surgissent dans un paysage. Et elles font naître avec elles un nouveau paysage : les hommes seront, dorénavant, les hommes du paysage des pyramides.

Il y aura celui qui aura « décidé » qu'il faut faire des pyramides, il y aura certainement ceux qui s'opposeront aux pyramides, il y aura ceux qui subiront le sort d'être les esclaves qui les construiront... Mais tous, chacun à son poste, seront les hommes et les femmes du paysage de pyramides. Le moment où la décision est prise est bien réel et, pourtant, les agencements infinis qui le précèdent seront, à ce moment-là, tellement serrés, tellement complexes qu'on ne peut manquer d'avoir un regard de tendresse vers l'engagement de ces « décideurs ».

Dans la France du XXe siècle, objectera-t-on, un président de la République a lui aussi essayé de « faire le décideur », en décrétant, lors de la rénovation du musée du Louvre : « Construisez-moi une pyramide, ça me plaît. » Et tout le monde a dit en la regardant : « C'est comme une pyramide égyptienne. » Cette décision peut sembler contredire tout ce qui précède, car notre époque ne peut évidemment pas être « grosse » d'un paysage monumental analogue à celui des Pharaons ou des Incas. Et pourtant, elle n'est pas en dehors de l'époque ; bien au contraire, elle correspond à un long façonnement de la civilisation, qui a abouti à l'émergence des œuvres dites « postmodernes », par lesquelles, justement, l'époque joue à être « au-delà des époques », ce qui n'est jamais qu'une époque de plus...

La pensée des limites

Nous avons cité plusieurs fois les très intéressants travaux de Joëlle Proust, qui montre que la différence entre la pensée humaine et la pensée animale réside dans le fait central que la pensée animale est une pensée « immergée », alors que la pensée humaine est en partie séparée de l'objet qu'elle pense, capable de penser la pensée elle-même. Cette « séparation » renvoie justement à la pensée du paysage.

Si la pensée immergée signifie que, pour mon chien, il y a là la chose gentille (moi), plus divers objets, et qu'il pourra probablement résoudre quelques problèmes en se représentant des moments et des objets non présents directement, et faire une série de choses, il ne pourra pas se penser en train de penser ces choses-là, puisqu'il est incapable d'échanger au niveau symbolique, au niveau de la séparation. Ce qui fonde notre pensée séparée est le fait même de participer aux niveaux symboliques, niveaux dont nous sommes nous-mêmes séparés. Identifiés avec la pensée symbolique, nous participons à elle. Ainsi sommes-nous conduits à accepter que l'homme puisse avoir une pensée séparée, mais toujours dans les limites de son paysage.

Dans ces limites, notre pensée n'est pas vraiment séparée : elle est plutôt immergée. La pensée des hommes est une pensée des paysages, elle est une dimension complexe du paysage, immergée dans celui-ci. Ainsi, pour l'homme des pyramides comme pour celui d'aujourd'hui, les limites de cette pensée seront celles de son paysage.

Ces limites n'ont pas le sens d'interdiction. Bien au contraire, c'est la pensée des limites qui crée de nouveaux possibles ; en même temps, il n'y a pas une pensée abstraite qui puisse s'extraire des paysages auxquels elle appartient. La pensée de la situation, d'un point de vue phénoménologique, est l'être dans son devenir et son déploiement. Si nous pouvons affirmer avec Sartre que l'homme est l'« ouvrier d'une vérité qu'il ne connaîtra jamais », nous reconnaissons dans cette formulation les limites concrètes qui, en identifiant les deux attributs de la substance, l'étendue et la pensée, font de cette coextensivité une unité non dépassable pour l'homme.

À la fin du *Mythe de Sisyphe*, Albert Camus affirme que le problème principal est que nous ne pouvons pas savoir si ce que nous avons fait de notre vie fut vain ou pas, si le rocher de Sisyphe tombait ou non dans un néant absolu. Nous ne pouvons pas savoir, d'un savoir séparé, si les rochers que nous aurons poussés jusqu'au dernier de nos soupirs servent à quelque chose, pour la simple raison que nous ne sommes pas en mesure de savoir ce que veut dire « servir ». L'utilitarisme, dans son sérieux imperturbable, est un pur fantasme. L'homme des pyramides, l'homme des cathédrales, nous, ceux qui viendront, seront toujours immergés dans leur époque, non pas comme une sorte de « disgrâce existentielle », mais comme joyeuse et puissante condition.

L'homme ne peut pas mourir à lui pour naître à l'être, mais nous pouvons – et c'est la bonne nouvelle – dépasser au moins en partie l'immédiat vers le concret, sans devoir payer le prix d'aucun renoncement disciplinaire, mais à travers une vie qui ne reste pas enfermée dans l'entonnoir du personnel, piégée dans le raccourci de l'immédiat. Entre l'immédiat et le concret, le chemin est de subversion, résistance et construction, car ce qui s'interpose entre notre puissance d'agir et la situation est un ordre social, un ordre technique, et non une erreur quelconque d'appréciation.

Nous pouvons penser la situation, nous pouvons penser le paysage, mais cette pensée est immergée, incluse dans le paysage dont elle fait radicalement partie. Nous ne pouvons donc penser au-delà de cette limite, parce que toute pensée, au-delà de la frontière, ne sera qu'un acte pour repousser la limite, et elle n'aboutira qu'à créer une nouvelle limite. Par ailleurs, rappelons-nous que le non-savoir dont parle Damascius n'est pas ignorance, mais la colonne vertébrale de tout savoir. La frontière n'est pas le point où l'on trouve l'ennemi ; elle est le point d'existence de la situation même qui nous fonde.

Par rapport aux multiples paysages qui nous sont accessibles, nous sommes donc aussi « immergés » que l'est la pensée animale – ce qui n'implique aucunement une réduction idiote du niveau d'émergence humaine à celui d'émergence animale. Il s'agit seulement, encore une fois, d'un des concepts clés de Spinoza, qui nous rappelle que l'homme n'est pas un « empire dans l'empire ». Sa formule de l'« amour intellectuel de Dieu », qu'il utilise pour décrire le troisième niveau de connaissance, loin de désigner un savoir supérieur qui pourrait s'extraire du paysage et qui constituerait le « point de vue de nulle part », parle au contraire d'une pratique de vie que nous pourrions identifier avec cette attitude existentielle qui est pacifiée avec l'ineffable, avec le non-savoir.

En définitive, il s'agit d'une attitude qui a à voir avec la sagesse, avec la philosophie comme *praxis*. Au-delà des mots qu'on choisit, il s'agit sans doute de ce qui fait signe en tant que défi à chaque époque, de ce qui nous invite à laisser derrière nous l'immédiat du monde utilitariste, de la constellation propre à l'individu, non pas au nom d'une sorte de programme moral ou politique, mais au nom de l'éthique comme pratique et expérience du concret. Enjamber l'immédiat vers le concret ne sera donc pas une question qui pourrait se résoudre théoriquement, car il en va là, comme dans l'« amour intellectuel de Dieu », d'une véritable pratique. Cette pratique ne part pas du simulacre du monde utilitariste de l'individu, mais de cette expérience éthique que nous avons pressentie dans la formulation « ma vie, ce n'est pas moi », et qui nous permet de sortir du point de vue étroit de l'individu pour accéder à la connaissance de la situation en tant qu'être.

L'intrication de l'ancien et du nouveau

Un exemple simple de ce passage vers le concret m'a été donné en 2002, à l'occasion d'un voyage au nord de l'Argentine. La province de Jujuy était alors en pleine insurrection et les Indiens, fidèles à leurs modes de lutte classiques, avaient coupé les routes pour manifester leur mécontentement. En possession d'un laissez-passer qui nous avait été fourni par une coordination des Indiens en lutte, en arrivant à un barrage, la journaliste Florence Aubenas qui m'accompagnait descendit de la voiture et s'approcha du groupe qui gardait le barrage pour leur demander des précisions sur les raisons de leur action. Très contents de cette visite inespérée, les Indiens formèrent un cercle autour de la journaliste et l'un d'eux commença à expliquer que ce qu'ils font là aujourd'hui remonte quand même à cinq cents ans, à l'arrivée des Espagnols sur leurs terres... Pour ces Indiens, l'immédiat, ici à leur barrage, n'était absolument pas compréhensible si on ne remontait tout de suite au moins à un élément concret. Le scoop du jour, pour parler la langue des journalistes, n'était pas compréhensible si on ne remontait pas au moins à cinq siècles en arrière.

L'époque et le paysage, en incluant les hommes dans leur devenir, produisent en même temps l'impossibilité de toute vision ou savoir panoptique, totalisant. C'est pourquoi l'homme des pyramides, quand il « décide » de les faire ou de contester leur construction, est à la fois « joué », « décidé » lui-même par des enjeux qui sont nés très longtemps avant qu'il ait à dire son texte. Dire son texte n'est pas le contraire de la liberté, mais plutôt le mode par lequel s'exprime cette liberté, cette création qui n'est plus à penser comme liberté des individus séparés, mais comme liberté des personnes par assomption du devenir des situations. Enchaîné à ma liberté, écrivait saint Paul...

Les paysages qui caractérisent la modernité sont en train de changer. Mais un paysage ne disparaît pas ; il représente une sorte de stabilité qui se fonde dans une série de fonctionnements et redondances par rapport auxquels l'instabilité existe sous la forme de « zones de turbulence », de bruits pour le système, sans toutefois questionner cette stabilité, qui constitue l'hégémonie d'un système. Aucun paysage ne cède simplement la place à un autre. Au contraire, les paysages mêlent en permanence des couches anciennes et nouvelles. Il y aura ainsi des émergences et réémergences qui s'agencent entre elles.

Nous avons été les témoins au XXe siècle de ces réémergences de formes sociales que des révolutionnaires croyaient avoir laissées derrière eux. En Chine, par exemple, le mode dit asiatique de production, propre aux dynasties millénaires de l'empire du Milieu, est réapparu, comme si on avait jeté un drap sur une statue et qu'après un certain temps les formes cachées par le drap avaient commencé à resurgir, quoique d'une façon estompée. De même, dans notre monde contemporain, le mode capitaliste de production et d'échange n'est pas « unique », il cohabite avec d'autres couches, d'autres modes de production et d'échange, qui, bien que subissant l'hégémonie capitaliste, n'ont pas pour autant disparu.

Cela a des conséquences politiques très pratiques. Le volontarisme révolutionnaire a été certainement l'une des erreurs principales des hommes et femmes de bonne volonté, qui, croyant à la constellation « sujet humain/objet monde », méconnurent leur ignorance et tentèrent d'exercer une liberté qui partait du principe de casser cette disposition ontologique. Comme toujours, il n'y a là rien à regretter, mais les expériences doivent être « capitalisées » pour que les problèmes au nom desquels on s'est engagé puissent être résolus, sans pour autant vouloir éliminer pour cela la nature même du phénomène humain. Nous ne pouvons penser les paysages comme s'ils étaient inclus entièrement dans les représentations hégémoniques. Car si les représentations hégémoniques d'une époque correspondent à une série restreinte de ses éléments centraux, il ne faut pas tomber dans l'erreur historiciste qui consiste à croire qu'époques et paysages se succèdent les uns aux autres, comme par nécessité, guidés par une série d'*aufhebung*.

Dans sa grande *Logique*, Hegel présente le concept d'*aufhebung* comme recouvrant des implications telles que dépassement, synthèse, destruction, production, etc. De notre point de vue, la seule acception que nous pourrions garder du concept serait celle de production, mais de production du multiple et sans synthèse d'aucun type ; Sartre a évoqué ce point de façon très claire, en parlant d'une totalité en permanence détotalisée. L'élément central de l'*aufhebung* n'a en effet pas grand sens, car la totalité existe à chaque fois comme universel concret et non comme ce qui devrait advenir à la fin du chemin. Au contraire, le paysage est constitué des surfaces successives qui subsistent et coexistent en même temps, à la manière des couches géologiques, qui tantôt émergent à l'occasion d'un mouvement des plaques tectoniques, tantôt sont submergées par les anciennes, tantôt partagent un espace à la surface du paysage.

Couplages et paysages

Nous savons que la molécule de base de tout paysage est formée par une série de couplages qui constituent les dégradés et récurrences capables de créer une certaine stabilité. Deux exemples nous semblent intéressants pour approfondir la question des couplages et leur fonctionnement dans le paysage.

En 2002, je me trouvais dans le petit village de Tilcara, dans la province andine de Jujuy en Argentine, au milieu de la cordillère des Andes. Il y a là de très sympathiques lamas, de la famille des guanacos et des alpacas. Les lamas n'aiment pas descendre au-dessous de 2 000 mètres d'altitude. Or Tilcara se situe précisément juste au-dessous. Il se trouve que, malgré cela, quelqu'un avait conduit là une famille de lamas, ainsi placés hors de leur milieu.

J'étais en train de les observer, quand je me suis aperçu que de petits oiseaux noirs traînaient entre leurs pattes, au point d'être piétinés à chaque fois que les lamas bougeaient. Avec des jumelles, j'ai vu qu'ils mangeaient de petits insectes que les lamas soulevaient pendant qu'ils broutaient. Or, ces petits oiseaux ont la réputation d'être inapprochables, tout mouvement les fait s'envoler. Et les voilà malgré tout, eux qui n'étaient pas habitués aux lamas, puisqu'il n'y en a pas à cette altitude, en train de créer des couplages tout à fait nouveaux avec ces quadrupèdes. Il y avait là une véritable combinatoire qui fonctionnait très bien, sans qu'aucun de ses éléments ne soit articulé en tant que totalité autonome.

Ainsi, chaque paysage est composé d'une multitude de ces couplages, et on ne peut le penser comme simple association entre des êtres, entre des niveaux d'existence du type homme, lama, oiseaux, montagne ; le tissage de la maille qui compose le paysage est beaucoup plus serré, plus infinitésimal. Et ce n'est que dans l'après-coup, quand nous sommes au niveau de la composition de la perception, que nous identifions des éléments séparés. Les boucles et couplages qui composent cette continuité, eux, sont toujours infiniment plus nombreux et intriqués que ce que l'on pourrait croire. Il y avait à Tilcara de ces couplages nouveaux, repérables donc, et qui marchaient très bien, sans qu'aucune vision téléologique ne vienne polluer l'observation. Toute téléologie, de fait, est situationnelle. De surcroît, pour ces animaux-là, les couplages avaient, à première vue, bien fait les choses.

Un second exemple, ou plutôt contre-exemple, qui nous aidera à mieux comprendre l'importance du concept de paysage, provient d'un tout autre horizon, celui de la psychanalyse de l'enfant. Depuis plusieurs années, dans ma consultation de pédopsychiatrie, j'ai été souvent confronté à un problème assez particulier et très complexe, celui des enfants adoptés à l'étranger par des familles françaises. À force de voir revenir les mêmes problèmes, j'ai bien dû chercher à approfondir l'analyse de ce type de consultation.

Le cadre général était toujours marqué par l'arrivée, à un moment donné de la vie de ces enfants adoptés, d'épisodes de violence. Tous originaires de pays du tiers monde (car je n'ai pas encore vu un enfant suisse adopté par une Brésilienne d'une favela), ces enfants, qui n'avaient pas en principe la même histoire, présentaient une sorte de tableau symptomatique commun, marqué par une grande violence et des moments de crises importantes déclenchées au début de la puberté. Face à un tel tableau, le premier pas « normal » consiste à chercher les points d'histoire communs en élargissant les données quantitatives. Après avoir constaté que ce type de problèmes était malheureusement habituel chez les enfants adoptés à l'étranger, je commençais à m'intéresser d'un peu plus près aux causes possibles.

Les parents adoptants ont des « profils » différents. Tantôt ils avaient déjà un enfant ; tantôt ils n'en avaient pas et, vu les difficultés pour adopter en France, ils se sont tournés alors vers l'étranger ; ou bien c'était un acte volontaire d'adopter un enfant du tiers monde. Les choix du pays d'adoption sont très variés, même si, souvent, on constate une attirance particulière de la part des adoptants pour le pays choisi. Par ailleurs, la tendance majoritaire est au changement de nom, même quand l'enfant connaît son nom d'origine. On est tenté de lui donner un nom français, et la justification est alors le besoin d'intégration, la peur du racisme, etc. La règle est, d'habitude, que les enfants, même quand ils arrivent en France déjà grands, perdent leur langue maternelle. J'ai vu ainsi le cas de deux sœurs jumelles arrivées ensemble d'Amérique du Sud à l'âge de huit ans et qui, au moment de la consultation, avaient perdu tout leur espagnol.

On assiste donc, le plus souvent, à un déracinement spectaculaire dans un temps très court. Sans parler du fait que l'enfant doit désormais appeler « papa » et « maman » deux étrangers qui en général ne parlent pas sa langue et qui ne lui ressemblent pas physiquement. Il s'agit bien de situations où, avec la meilleure volonté possible et avec beaucoup d'amour, on procède comme si l'enfant était un individu déplaçable en dehors de son paysage sans conséquences majeures.

Au cours de leur thérapie, les enfants racontent, petit à petit, ce mal d'être. Ils expriment la culpabilité de s'être sauvés « seuls » de la misère, ou bien la gêne envers leur famille d'origine, ou d'autres sentiments qui font référence à cette coupure, à cette mini-table rase dont leur vie est le théâtre. Ces sentiments sont évidemment à mettre en rapport avec les résultats de nombreuses enquêtes menées auprès d'enfants interrogés dans des foyers et maisons populaires, en Amérique du Sud et ailleurs, qui expriment très majoritairement leur souhait d'améliorer leur niveau de vie ; mais qui, en aucun cas, ne disent, au nom d'un éventuel confort dans une autre société, vouloir quitter ce qui est leur vie, pourtant dure et souvent dangereuse. On peut voir là à quel point la réalité de l'inscription dans un paysage est une composante fondamentale et fondatrice de chacun d'entre nous.

Il ne s'agit pas, bien entendu, de conseiller que chacun reste chez soi : les migrations sont une réalité aussi ancienne que l'humanité elle-même (et dans notre monde moderne, le souhait de « partir » qu'expriment par exemple tant de jeunes du Maghreb ou d'Afrique subsaharienne peut être vu malheureusement comme un symptôme de la très profonde désagrégation, le plus souvent sous l'effet des guerres et de la violence, du paysage dans lequel ils ont grandi). Mais nous devons savoir qu'à chaque fois que nous faisons subir une discontinuité trop profonde à un enfant, il connaîtra tôt ou tard des difficultés importantes.

Un élément fondamental du paysage est ainsi celui d'incarner cette continuité, ce dégradé infinitésimal qui donne une consistance et une durée à l'ensemble. Mon propos n'est évidemment pas de porter un jugement sur la pratique d'adoption à l'étranger. Mais simplement de reconnaître que les souffrances humaines qu'elle peut produire sont liées directement à la croyance que les hommes pourraient vivre comme si le paysage, notre « tout substantiel », était un décor optionnel, escamotable à volonté. Connaître les continuités, assumer les liens, respecter des temporalités, assumer le caractère phénoménal des processus de vie, voilà comment retrouver la vérité profonde du paysage, comment reprendre contact avec la fragilité en tant que condition essentielle de l'être.

13

La fragilité

« Vanité des vanités, tout est vanité. » Ainsi commence l'Ecclésiaste. « Quel profit trouve l'homme à toute la peine qu'il prend sous le soleil ? Un âge va, un âge vient, mais la terre tient toujours. Le soleil se lève, le soleil se couche, il se hâte vers son lieu et c'est là qu'il se lève. » Et ce premier paragraphe finit ainsi : « Toutes les paroles sont usées, personne ne peut plus parler. »

« Ce qui fut, cela sera, ce qui s'est fait se refera, et il n'y a rien de nouveau sous le soleil. » Peut-être, dans notre désir de justice, dans notre désir de connaissance, dans notre désir d'être, tout simplement, a-t-on oublié ceci : rien de ce qui existe n'existait par caprice, par erreur ou sans raison. Et dans ce qui existe, il y a aussi le désir qui compose, le désir qui désire comprendre, qui désire la justice et la vie.

Vanité des vanités ? Il existe une autre traduction de ce passage de l'Ecclésiaste, qui dit : « Fragilité des fragilités, tout est fragilité… » Naître, c'est naître à la fragilité, à la fragilité de l'être. Que le soleil se couche, qu'il se lève, qu'en fin de compte il n'y ait rien de nouveau sous le soleil, non seulement cela n'est pas inquiétant et pourrait défier une « humaine vanité », mais c'est justement ce qui réchauffe à chaque lever du soleil les désirs les plus profonds. Qu'il n'y ait pas au bout du chemin un monde de justice, qu'il n'y ait pas après tant d'effort un monde d'amour et de liberté peut certes être entendu depuis le pessimisme de la vanité. Mais aussi depuis la joie de la fragilité, car amour, justice et liberté, pensée et création sont le chemin même. Ils sont ce qui n'existe que dans des actes d'amour, de justice et de liberté. Autrement dit, l'objectif est le chemin.

Celui que tu cherches depuis longtemps était toujours là, voilà ce qui dit la sagesse. Car ces choses-là existent sous la radicale formule du « tout ou rien », il n'y a pas de « terminus », pas de station finale ni de gares intermédiaires. L'amour, la justice, la liberté, la pensée sont en totalité en chaque acte ou elles ne sont pas, nulle part et jamais. Nos contemporains vivent dans la tristesse du paradis perdu, celui que l'idéologie du progrès et la promesse d'une révolution qui casserait l'histoire en deux leur avaient promis. De fait, puisqu'il n'y a pas de rédemption ni de moment final, la tristesse les aveugle au point de ne pas voir que la fin de l'espoir (passion triste) implique la libération de la puissance (passions joyeuses).

Si les hommes ont tant cru au progrès, au fait que « tout cela était bien pour quelque chose, en vue d'une fin », s'ils n'ont pas compris que la vie était donc un objectif en soi, c'est parce qu'ils se sont appliqués à construire ce temps de l'attente, où le présent est sans importance, seulement passage vers des lendemains meilleurs. Cette vision désacralisée de la promesse, peu à peu, a pris la forme de la séparation et de l'oubli. Nos sociétés vivent ainsi dans un temps transitif où tout est attente, et le présent, pas grand-chose.

Peut-être est-ce la technique, dans son incroyable progrès, qui en bonne partie trompe nos sens : par un effet de miroir, elle fait croire aux hommes qu'ils progressent eux aussi ; une identification, plutôt inquiétante, de l'homme à la technique. Qu'il n'y ait pas de progrès dans les questions existentielles, loin que cela soit un constat de tristesse, est la preuve que personne ne « loupe » une future rédemption à venir. Tout est fragilité, même, ou surtout, quand le « tout » nous est inaccessible comme totalisation de l'existant. Voudrait-il s'approcher, par de grands efforts, d'une vision de la totalité totalisante, l'homme ne le pourrait pas. Dans le meilleur des cas, à force d'insister à la frontière, il arrivera à créer de nouvelles dimensions, qui seront incorporées, articulées, avec les anciennes. Au pire, le refus des limites impliquera l'augmentation de la tristesse.

La puissance

Ainsi, il n'existe pas une pensée au-delà des limites. Soit les limites sont contestées par des pratiques auxquelles correspond cette pensée, et on les aura simplement repoussées sans en sortir ; soit on a affaire à une pensée qui se prétend « hors frontières », et l'on est dans le pur simulacre. Ce n'est là que la radicale conséquence de la coextensivité de l'étendue et de la pensée. En effet, on ne dépasse jamais la frontière : on peut certes élargir le territoire, mais à condition de ne pas vouloir abolir la frontière, car la conséquence en est toujours un plus d'impuissance, un plus de tristesse. Au-delà de la frontière, il y a pour l'homme, pour la vie même, seulement plus de vie, ou plutôt un défi, mais nul point extérieur, nul « non lieu » d'où l'on puisse juger de la vanité des actes ou de la totalité de l'existant, car nous sommes, nous existons, toujours situés ; et décidément, tout point de vue est un lieu situé et daté.

Être, c'est donc être situé. La différence entre la vanité de l'homme qui se veut un empire dans l'empire, séparé du monde, et l'homme lié, cet homme de et pour la situation, est que le second a compris que nous avons un point de vue, un corps, des histoires, et que l'universel n'est certainement pas ce qu'on trouve en cherchant à casser notre point de vue, mais ce qu'on trouve en l'assumant. Au fond de notre singularité, nous trouvons l'universel qui tisse chacune de nos situations. Le défi est parfois caricatural, et si au fond de nous-mêmes, de notre singularité, nous pouvons trouver l'univers, nous pouvons aussi, à force d'oubli, trouver au fond de l'univers… notre nombril. Les liens sont ontologiques, l'expérience de la fragilité nous dit ceci : nous sommes liés, nous ne pouvons pas impunément prétendre exister depuis le « point de vue de nulle part ». La fragilité est expérience et non savoir abstrait.

Dans *La Métamorphose des plantes*, Goethe écrit : « L'homme, quand il s'affirme de toute sa présence, se comporte en être qui légifère – toutefois, il n'est pas toujours porté à se comporter en maître, il préfère souvent donner dans un mouvement d'amour et se laisser dominer par une inclination secrète. Par le fait qu'il se tourne vers la nature, il s'instaure un rapport très heureux, au plus haut point. La résistance cesse de chaque côté ; elle laisse transparaître à qui peut le pressentir son secret le plus profond ; quant à lui, cette vie élargie compense le sacrifice qu'il a fait de voir ses aspirations à jamais insatisfaites [1]. » Le monde apparaît à l'homme conquérant, à celui qui rêve de maîtrise, comme chargé de forces d'inertie. Or ces forces dites « d'inertie » ne sont pas sans raison, ni des accidents malheureux qui empêchent l'homme d'aller vers son destin de maîtrise. Ces forces sont « avec raison » ; ce qui nous est apparu comme des inerties est ni plus ni moins que le chemin.

Si la vanité nous fait croire que le monde, le réel, la nature, sont des obstacles, la fragilité est l'expérience par laquelle nous pouvons assumer la réalité, non pour la soumettre ou pour nous soumettre, mais pour développer la vie. Au nom des idées qui nous apparaissent comme logiquement possibles, nous sommes tentés de chercher à vaincre ce qui fait obstacle à notre volonté. Ainsi, en invoquant notre volonté, nous faisons face au réel, non pas en créant de nouveaux possibles, mais en éliminant des pans entiers de l'existant. Et plus je me rends impuissant, plus je diminue ma capacité d'agir, plus je diminue le paysage ; et cela marche dans les deux sens. C'est cela qui caractérise une époque obscure : plus elle est obscure, plus je me plonge dans mon impuissance ; plus je suis dans ce sentiment, plus je me remplis d'aigreur et de rêves de maîtrise.

On ne peut donc pas détruire impunément, non parce que le « méchant » sera toujours puni, par la justice des hommes – ce qui est loin d'être vrai – ou par une supposée justice divine – ce qui l'est moins encore –, mais tout simplement parce qu'il n'y a pas d'homme séparé de la nature, de ses paysages. Toute destruction est toujours autodestruction. On dira que des millions de méchants dans l'histoire vécurent et moururent « heureux », mais cela est étranger à la question, car bonheur et malheur sont des événements tout à fait aléatoires, et qui au mieux arrivent de surcroît. Car les organismes vivants cherchent moins à préserver leurs vies qu'à « réaliser leur nature » – comme l'observait, on l'a vu, Georges Canguilhem. Le bonheur n'est que ce qui arrive de surcroît et sans aucune logique, mais, de plus, centrer la vie

1. Johann Wolfgang VON GOETHE, *La Métamorphoses des plantes*, *op. cit.*

sur sa poursuite nous condamne à passer précisément à côté de nos vies, ce qui en général nous condamne aussi… au malheur.

Malheur et bonheur sont des chants de sirènes qui nous invitent, dans nos sociétés hantées par la technique, à perdre le nord, à sacrifier chaque moment, la totalité concrète, au nom de ce qui finit par écraser la vie des hommes de façon oublieuse. Nous nous rendons ainsi absents à nous-mêmes et donc à nos situations. Au plus profond de chaque être, le seul absolu, la seule totalité qui existe est celle de l'universel concret. Il ne s'agit donc pas de sacrifier à une quelconque morale de l'ascétisme, mais d'enjamber la séparation, la séparation d'avec nous-mêmes, qui est la séparation d'avec l'universel. Joseph Combès le dit dans son introduction à Damascius : « La production des œuvres et de soi-même renvoie dans l'homme en acte à une infinité intime, préhumaine, à un néant de déterminations où l'homme puise un pouvoir radical de contestation et de créativité qui s'y nouent ensemble. Ce pouvoir nu de procéder à la construction de soi et du monde, c'est l'extase permanente à la racine de la spontanéité spirituelle, c'est le rapport à l'un, rapport absolu à l'absolu [2]. »

L'idée que « ma vie ce n'est pas moi » prend dès lors toute sa puissance : qu'il n'y ait pas de progrès, que nous ne puissions pas jouir d'un savoir utilitariste totalisant, non seulement ne nous ampute pas de la puissance, mais c'est, au contraire, une des conditions de notre puissance d'agir. Les problèmes ne sont donc jamais moraux, mais, de façon concrète et permanente, ontologiques, car il y va du développement de la puissance, du paysage, de l'être même. En revanche, qu'il n'y ait pas de progrès dans l'humain ne veut pas dire qu'il n'y ait pas de vrais changements.

La fragilité de l'existence

Deux exemples très différents nous aident à le comprendre. Prenons d'abord l'invention de l'écriture, ce « pas » décisif par lequel l'humanité a établi, d'une façon irréversible, un changement fondamental dans la vie des hommes : il ne s'agit pas d'un

2. Damascius, *Des premiers principes*, *op. cit.*, p. 58.

« progrès », dans le sens téléologique qui considère qu'il y aurait un but final vers lequel nous nous dirigerions – comme l'affirme Hegel dans *La Raison dans l'histoire*, pour qui les hommes, en vaquant chacun à leurs activités, et sans le savoir, obéissent tous à un dessein global, qui va vers la synthèse finale, vers l'*aufhebung*. Dans cette vision du devenir, il n'y a pas de perte, pas d'égarements, tout est fonction d'un but, fonction de la synthèse finale.

Ni le développement de l'écriture ni toute autre invention des hommes ne peuvent être considérés comme du progrès, pour la simple raison que rien dans notre système de pensée n'est un progrès téléologique. L'homme de Hegel ignore le pourquoi de ses actes, mais un savoir se réalise à travers lui. Pour nous, du point de vue d'une phénoménologie radicale, il s'agit là d'une sorte d'utilitarisme sublimé. Il n'y a en réalité aucun chemin à dévoiler dans le déploiement des multiples couplages, mais seulement des émergences et des lignes de fuite, où la seule totalité est celle qui est donnée à chaque pas dans l'universel concret.

Nous pouvons en revanche identifier ces grands moments de l'histoire de l'humanité comme de véritables créations de nouvelles frontières, d'infinies dimensions nouvelles qui changent la réalité humaine et développent l'existence : changer la réalité par la création de nouveaux possibles, tout en développant la nature humaine, fait croître la complexité en posant les problèmes fondamentaux, à la racine de notre essence, de façon différente, plus complexe, dans d'autres situations et dimensions qui n'existaient pas jusque-là. Mais ces problèmes restent, à travers les changements, essentiellement les mêmes.

Le second exemple est celui du mouvement de libération des femmes. Il a entraîné la libération d'une infinie quantité de puissance, d'intelligence, de création, qui jusque-là restait écrasée, niée. Nous pourrions dire que cela constitue un véritable progrès pour l'humanité. Or la réponse est la même que pour l'écriture : il n'y a pas là non plus une fatalité déterministe de type téléologique, mais la création de nouvelles et puissantes dimensions jusque-là inexistantes, qui développent l'être même de la situation. Tout se passe comme si le développement de ces acquis agissait, dans l'histoire de l'humanité, comme le déploiement de nouvelles surfaces d'existence et de niveaux de profondeur inconnus. Mais dans ces nouveaux territoires de l'être, les problèmes fondamentaux de l'humanité, ceux qui touchent à notre essence, restent, sous des nouveaux habits, les mêmes.

La fragilité de l'existence tient à cette réalité profonde : tout développement de l'autonomie crée de nouveaux possibles, et en même temps développe notre dépendance avec le tout, avec le paysage. Ainsi l'oiseau migrateur qui n'est pas enfermé dans une cage n'est pas moins articulé et dépendant des déterminations multiples que celui qui ne part pas, il risque même de l'être plus encore. Car les êtres ne se séparent pas du paysage en développant leur essence, bien au contraire : c'est en développant leur autonomie qu'ils développent le paysage auquel ils appartiennent, et donc complexifient la dépendance.

Si une certaine mélancolie, une douce mélancolie semble accompagner inévitablement ces niveaux de connaissance, c'est peut-être parce que tous les rêves d'Icare qui ont marqué le XXe siècle ont montré que nous devions parier sur cette existence, là où l'homme ne peut être autre, comme il n'y a pas non plus d'autre monde. Cesser d'espérer, cesser d'attendre, voilà la plénitude en acte de la fragilité.

L'homme n'est viable, la vie n'est viable que dans la mesure où nous arrivons à développer notre puissance sans nier notre nature. L'homme ne « progresse » pas vers une éventuelle domination de la nature, du réel et de son milieu, pour la simple raison qu'il est lui-même le milieu, qu'il est son propre paysage. L'homme peut développer ce paysage, comme il peut se déployer, mais il n'y aura pas de « progrès », parce qu'il n'y a pas un univers extérieur au paysage vers lequel on puisse, à l'instar d'une armée, progresser dans les conquêtes. Renoncer à concevoir la vie comme lutte contre le destin, accepter que l'appel ne soit pas ce qui s'oppose à la liberté, mais, bien au contraire, ce qui existe objectivement comme défi auquel nous sommes appelés à répondre, impose que pour être ce que nous sommes, nous devons fournir un effort.

Leibniz, à propos de la liberté humaine, explique que l'homme n'est pas un sujet auquel on puisse, par une volonté séparée de la situation, attribuer n'importe quel « prédicat », n'importe quel destin. Pour lui, le sujet contient en quelque sorte le prédicat. César n'est donc pas un sujet séparé du tout, qui choisit de « franchir le Rubicon ». Dans le sujet même de César est impliqué le franchissement du Rubicon. Le prédicat de nos vies est dans le sujet que nous sommes, et nous pouvons nous voir comme partie d'un roman qui s'écrit tout seul, où tout est nécessaire, où tout a une raison suffisante, sans qu'il y ait pour autant dans ce constat aucun fatalisme.

Simplement, les différents paysages que nous habitons se composent et décomposent en permanence, les résultantes se font et se défont, pour constituer de nouvelles données. Dans ces constellations, nous ne sommes ni auteurs du « roman », ni lecteurs passifs. Chaque niveau de connaissance crée de nouvelles possibilités d'être, et c'est par notre pratique et notre connaissance que nous y participons, sans pour autant avoir comme objectif une supposée et délirante « prise du pouvoir », illusion de devenir auteurs, d'occuper une place qui, par ailleurs, est vide.

Dépasser le rapport de forces

Pourquoi et comment l'idée de vaincre la nature, en détruisant ainsi notre essence, est-elle devenue l'image de la liberté, il est difficile de le dire avec précision. En revanche, il est clair aujourd'hui que cette responsabilité envers les paysages qui nous composent est la base même de notre essence, de tout ce qui nous permet d'enjamber la séparation. Aller vers le paysage, c'est-à-dire vers nous, implique la possibilité de dépasser ce premier niveau de connaissance, tel que le présente Spinoza, le niveau où les corps s'entrechoquent, au dire de Deleuze. Ce premier niveau est l'immédiateté comme horizon indépassable, celui de l'affrontement, de la séduction, du rapport de forces. C'est à ce niveau-là de la vie que tout désir est mimétique, que nous nous déversons vers l'extérieur et que, dans notre hâte de survivre et de nous affirmer contre les autres, nous nous perdons nous-mêmes, l'objet du désir n'étant désirable que parce que désiré par les autres.

Comment, dans la pratique psychanalytique, ne pas constater combien on a du mal à laisser de côté l'impossible recherche de sens sur ce terrain-là, combien nous sommes dupes de notre individualité, au point de manquer notre singularité ? Quand tout conflit familial, toute dispute, toute angoisse personnelle devient digne d'une attention particulière, nos contemporains s'interrogent sur la vérité qui se cache dans le symptôme, convaincus que le ressenti est d'une vérité sans conteste. Or, dans ce que, faute de mieux, nous appelons la vie personnelle, nulle vérité, nulle bonne solution aux conflits et aux angoisses ne réside. Dupes de nos subjectivités domestiques et quotidiennes, nous sommes devenus sourds à ce qui, pourtant, depuis notre for intérieur et du paysage, nous fait signe.

Personne n'est quitte une fois pour toutes des désirs mimétiques, des envies normalisées, des corps qui s'entrechoquent. Mais assumer la fragilité implique d'arriver peu à peu à d'autres niveaux d'existence, là où le désir n'est plus une affaire personnelle, mais relève du paysage lorsque nous expérimentons que nous sommes traversés par lui. Nous ne sommes donc pas capables de savoir avec certitude à quoi nous participons : nous pouvons simplement expérimenter dans chaque situation, par des biais différents, les asymétries qui fondent l'être même de nos situations. Nous nous engageons, dans l'amour comme dans la création ou la politique, dans la vie, avec une certaine ignorance, dans ce roman qu'est le paysage qui s'écrit avec nous, là où nous avons à jouer notre rôle et à relever les infinis défis infinitésimaux qui constituent le chemin. Si l'on garde la métaphore du roman, le fait d'agir, ne pas subir notre vie, sans nous faire « auteur », modifie pourtant le roman.

Le paysage, comme l'écrivait Borges à propos de la ville, est beaucoup plus que les êtres vivants qui y habitent, en firent ou en feront partie. Ainsi, nos vies, pour peu qu'on abandonne l'idée de faire d'elles des vies « personnelles », ressemblent peu à peu à des formes en expansion. Il faut imaginer que, dans ces territoires complexes, nous existons en tant que corps vivants et que nos œuvres, nos rapports, nos liens se constituent peu à peu, autour de nous, comme des toiles d'araignées et faisceaux de tangentes. Dans cette perspective, « réaliser sa nature », c'est habiter de multiples dimensions, au point qu'à un moment donné il devient difficile et secondaire, pour les autres, de savoir si le corps que nous sommes est encore vivant ou non. Accepter que nos parties intensives prennent corps dans des corps et des objets, au-delà de notre corps propre. Ne pas être que ses parties extensives, voilà une façon de nommer le déploiement de notre essence.

Cette « transcendance dans l'immanence » est objective, et plus nous développons nos liens, moins notre vie est étroite, personnelle. Il s'agit de développer au cours de nos vies un réseau synaptique qui nous rend sensibles et actifs au-delà de notre corps, dans le paysage lui-même. L'être de l'humain est ainsi un « être pour la vie », et toute obsession pour la mort est ce qui nous éloigne de notre liberté, comme le précise Spinoza dans son *Éthique* : « Un homme libre ne pense à rien moins que la mort, et sa vie est une longue méditation sur la sagesse. » L'homme n'est peut-être pas, comme nous avons l'habitude de le croire, le seul être vivant qui est conscient de sa finitude. En revanche, nous expérimentons à notre façon notre « infinitude », cette éternité dont parle Spinoza et qui n'a rien à voir avec l'immortalité.

Nous sommes ce que nous n'avons pas choisi d'être, et nous sommes responsables de ce que nous n'avons aucune possibilité de choisir. Seulement l'être est mouvement d'auto-affirmation. Et si le fait d'agir modifie les règles du jeu, assumer notre puissance est ce qui fait la différence entre assumer le destin ou le subir comme pure fatalité. Nous donner, d'une façon imaginaire, une finitude, croire que nous serions responsables seulement de ce que nous avons choisi, c'est ce qui nous sépare de nous-mêmes et du paysage. Ainsi, si nous ne sommes ni auteurs ni lecteurs passifs, ni dominants ni dominés, ni forts ni faibles, c'est en tant que nous existons sous la forme de la fragilité qui s'inscrit par essence au-delà de ces dichotomies.

Quand, obsédés par nos rêves cauchemardesques de maîtrise, nous trouvons que nos vies ne sont pas assez intéressantes, et que nous voudrions casser le destin pour le rendre plus digne de nous, moins vain, quand nous nous souhaiterions taillés dans la pierre, roc du roc, ineffaçables, et non pas simples nuages et devenir, nous devrions peut-être nous rappeler la belle intuition de Borges : « Quiza la nube sea no menos vana que el hombre que la mira en la mañana » (« le nuage n'est peut-être pas moins vain que l'homme qui le regarde au petit matin »).

Table

Dans la même collection

La Découverte/Poche

Littérature et voyages

Fadhma Amrouche, *Histoire de ma vie.*
Taos Amrouche, *Le grain magique.*
Ibn Batûtta, *Voyages* (3 tomes).
Louis-Antoine de Bougainville, *Voyage autour du monde.*
René Caillié, *Voyage à Tombouctou* (2 tomes).
Christophe Colomb, *La découverte de l'Amérique* (2 tomes).
James Cook, *Relations de voyages autour du monde.*
Hernan Cortés, *La conquête du Mexique.*
Bernal Díaz del Castillo, *Histoire véridique de la conquête de la Nouvelle-Espagne* (2 tomes).
Charles Darwin, *Voyage d'un naturaliste autour du monde.*
Charles-Marie de La Condamine, *Voyage sur l'Amazone.*
Homère, *L'Odyssée.*
Jean-François de Lapérouse, *Voyage autour du monde sur* l'Astrolabe *et la* Boussole.
Bartolomé de Las Casas, *Très brève relation de la destruction des Indes.*
Louis-Sébastien Mercier, *L'an 2440, rêve s'il en fut jamais.*
Louis-Sébastien Mercier, *Le tableau de Paris.*
Louise Michel, *La Commune, histoire et souvenirs.*
Martin Nadaud, *Léonard, maçon de la Creuse.*
Paul Nizan, *Aden Arabie.*
Mongo Park, *Voyage dans l'intérieur de l'Afrique.*
Lady M. Montagu, *L'islam au péril des femmes.*
Marco Polo, *Le devisement du monde, le livre des merveilles* (2 tomes).
Horace Benedict de Saussure, *Premières ascensions au Mont-Blanc, 1774-1787.*
Mémoires de Géronimo.
Victor Serge, *Les années sans pardon.*
Victor Serge, *Le Tropique et le Nord.*
Inca Garcilaso de la Vega, *Commentaires royaux sur le Pérou des Incas* (3 tomes).

Essais

Mumia Abu-Jamal, *Condamné au silence.*
Mumia Abu-Jamal, *En direct du couloir de la mort.*
Lounis Aggoun et Jean-Baptiste Rivoire, *Françalgérie, crimes et mensonges d'États.*
Fadela Amara, *Ni putes ni soumises.*
Michel Authier et Pierre Lévy, *Les arbres de connaissances.*
Étienne Balibar, *L'Europe, l'Amérique, la guerre.*
Nicolas Bancel, Pascal Blanchard et Sandrine Lemaire (dir.), *La fracture coloniale.*
Louis Barthas, *Les carnets de guerre de Louis Barthas, tonnelier, 1914-1918.*
Nicolas Beau et Jean-Pierre Tuquoi, *Notre ami Ben Ali.*
Michel Beaud, *Le basculement du monde.*
Stéphane Beaud et Younès Amrani, *« Pays de malheur ! ».*
Miguel Benasayag et Diego Sztulwark, *Du contre-pouvoir.*
Sophie Bessis, *L'Occident et les autres.*
Mongo Beti, *La France contre l'Afrique.*
Paul Blanquart, *Une histoire de la ville.*
Augusto Boal, *Jeux pour acteurs et non-acteurs.*
Augusto Boal, *Théâtre de l'opprimé.*
Lucian Boia, *La fin du monde.*
Philippe Breton, *L'utopie de la communication.*
François Burgat, *L'islamisme en face.*
Ernesto Che Guevara, *Journal de Bolivie.*
François Chobeaux, *Les nomades du vide.*
Denis Clerc, *Déchiffrer l'économie.*

Sciences humaines et sociales

Louis Althusser, *Pour Marx.*

Jean-Loup Amselle et Elikia M'Bokolo, *Au cœur de l'ethnie.*

Benedict Anderson, *L'imaginaire national.*

Paul Bairoch, *Mythes et paradoxes de l'histoire économique.*

Étienne Balibar, *L'Europe, l'Amérique, la guerre.*

Étienne Balibar et Immanuel Wallerstein, *Race, nation, classe.*

Stéphane Beaud, *80 % au bac... et après ?*

Jean-Jacques Becker et Gilles Candar, *Histoire des gauches en France* (2 volumes).

Miguel Benasayag, *La fragilité.*

Miguel Benasayag, *Le mythe de l'individu.*

Miguel Benasayag et Gérard Schmit, *Les passions tristes.*

Yves Benot, *La démence coloniale sous Napoléon.*

Yves Benot, *Massacres coloniaux 1944-1950.*

Yves Benot, *La Révolution française et la fin des colonies.*

Bernadette Bensaude-Vincent et Isabelle Stengers, *Histoire de la chimie.*

Pascal Blanchard *et al.*, *Zoos humains.*

Philippe Breton, *La parole manipulée.*

Judith Butler, *Trouble dans le genre.*

François Chast, *Histoire contemporaine des médicaments.*

Jean-Michel Chaumont, *La concurrence des victimes.*

Yves Clot, *Le travail sans l'homme ?*

Serge Cordellier (dir.), *La mondialisation au-delà des mythes.*

Georges Corm, *L'Europe et l'Orient.*

François Cusset, *French Theory.*

Mike Davis, *City of Quartz. Los Angeles, capitale du futur.*

Mike Davis, *Génocides tropicaux.*

Alain Desrosières, *La politique des grands nombres.*

François Dosse, *L'histoire en miettes.*

François Dosse, *L'empire du sens.*

François Dosse, *Paul Ricœur.*

Mary Douglas, *Comment pensent les institutions.*

Mary Douglas, *De la souillure.*

Florence Dupont, *L'invention de la littérature.*

Jean-Pierre Dupuy, *Aux origines des sciences cognitives.*

Abdou Filali-Ansary, *Réformer l'islam ?*

Patrice Flichy, *Une histoire de la communication moderne.*

François Frontisi-Ducroux, *Dédale.*

Yvon Garlan, *Guerre et économie en Grèce ancienne.*

Peter Garnsey et Richard Saller, *L'Empire romain.*

Jacques T. Godbout, *L'esprit du don.*

Olivier Godechot, *Les traders.*

Nilüfer Göle, *Musulmanes et modernes.*

Jack Goody, *L'islam en Europe.*

Jack Goody, *La peur des représentations.*

Anne Grynberg, *Les camps de la honte.*

E.J. Hobsbawm, *Les bandits.*

Jacques Kergoat, *La France du Front populaire.*

Will Kymlicka, *Les théories de la justice. Une introduction.*

Camille Lacoste-Dujardin, *Des mères contre les femmes.*

Yves Lacoste, *Ibn Khaldoun.*

Bernard Lahire (dir.), *À quoi sert la sociologie ?*

Bernard Lahire, *La culture des individus.*

Bernard Lahire, *L'invention de l'« illettrisme ».*

Bernard Lahire (dir.), *Le travail sociologique de Pierre Bourdieu.*

Bruno Latour, *La fabrique du droit.*

Bruno Latour, *La science en action.*

Bruno Latour, *Nous n'avons jamais été modernes.*

Bruno Latour, *Pasteur : guerre et paix des microbes.*

Bruno Latour, *Petites leçons de sociologie des sciences.*

Bruno Latour, *Politiques de la nature.*

Bruno Latour et Steve Woolgar, *La vie de laboratoire.*

Bernard Lehmann, *L'orchestre dans tous ses éclats.*

La Découverte/Poche

Prosper-Olivier Lissagaray, *Histoire de la Commune de 1871.*

Geoffrey E.R. Lloyd, *Pour en finir avec les mentalités.*

Georg Lukacs, *Balzac et le réalisme français.*

Armand Mattelart, *La communication-monde : histoire des idées et des stratégies.*

Armand Mattelart, *Histoire de l'utopie planétaire.*

Armand Mattelart, *L'invention de la communication.*

John Stuart Mill, *La nature.*

Arno Mayer, *La « solution finale » dans l'histoire.*

Gérard Mendel, *La psychanalyse revisitée.*

Michel Morange, *Histoire de la biologie moléculaire.*

Annick Ohayon, *Psychologie et psychanalyse en France.*

François Ost, *La nature hors la loi.*

Élisée Reclus, *L'homme et la Terre.*

Roselyne Rey, *Histoire de la douleur.*

Annie Rey-Goldzeiguer, *Aux origines de la guerre d'Algérie.*

Maxime Rodinson, *La fascination de l'islam.*

Maxime Rodinson, *Peuple juif ou problème juif ?*

Richard E. Rubenstein, *Le jour où Jésus devint Dieu.*

André Sellier, *Histoire du camp de Dora.*

Jean-Charles Sournia, *Histoire de la médecine.*

Isabelle Stengers, *Cosmopolitiques* (2 tomes).

Sylvie Thénault, *Une drôle de justice.*

Francisco Varela, *Quel savoir pour l'éthique ?*

Francisco Vergara, *Les fondements philosophiques du libéralisme.*

Jean-Pierre Vernant, *Mythe et pensée chez les Grecs.*

Jean-Pierre Vernant, *Mythe et société en Grèce ancienne.*

Jean-Pierre Vernant, Pierre Vidal-Naquet, *Mythe et tragédie en Grèce ancienne* (2 tomes).

Pierre Vidal-Naquet, *Le chasseur noir.*

Michel Vovelle, *Les Jacobins.*

Max Weber, *Économie et société dans l'Antiquité.*

Max Weber, *Le savant et le politique.*

William Foote Whyte, *Street Corner Society.*

Charles Wright Mills, *L'imagination sociologique.*

État du monde

L'État du monde en 1945.

États-Unis, peuple et culture.

Rochdy Alili, *Qu'est-ce que l'islam ?*

Bertrand Badie (dir.), *Qui a peur du XXIe siècle ?*

Marc Ferro et Marie-Hélène Mandrillon (dir.), *Russie, peuples et civilisations.*

Anne-Marie Le Gloannec (dir.), *Allemagne, peuple et culture.*

Pierre Gentelle (dir.), *Chine, peuples et civilisation.*

Camille et Yves Lacoste (dir.), *Maghreb, peuples et civilisations.*

Jean-François Sabouret (dir.), *Japon, peuple et civilisation.*

François Sirel, Serge Cordellier *et al. Chronologie du monde au 20e siècle.*

BUSSIÈRE
GROUPE CPI

Composition Facompo, Lisieux
Impression réalisée sur Cameron
à Saint-Amand-Montrond (Cher)
en décembre 2006.
Dépôt légal : janvier 2007.
N° d'impression : 064289/1.
Imprimé en France